세 자매는 계여행 중

세 자매는 세계여행 중
어른들은 절대 알 수 없는, 우리들만 느낄 수 있는 여행이야기

초판 1쇄 발행 2024년 12월 12일

지은이 원지호, 원지민, 원지율
펴낸이 장길수
펴낸곳 지식과감성#
출판등록 제2012-000081호

기획 이은희
교정 김나현
디자인 오정은
편집 오정은
검수 이주연, 정윤솔
마케팅 김윤길, 정은혜

주소 서울시 금천구 벚꽃로298 대륭포스트타워6차 1212호
전화 070-4651-3730~4
팩스 070-4325-7006
이메일 ksbookup@naver.com
홈페이지 www.knsbookup.com

ISBN 979-11-392-2303-3(03810)
값 14,000원

- 이 책의 판권은 지은이에게 있습니다.
- 이 책 내용의 전부 또는 일부를 재사용하려면 반드시 지은이의 서면 동의를 받아야 합니다.
- 잘못된 책은 구입하신 곳에서 바꾸어 드립니다.

지식과감성#
홈페이지 바로가기

어른들은 절대 알 수 없는, 우리들만 느낄 수 있는 여행이야기

세 자매는 계 여 행 중

원지호 원지민 원지율

기획자의 말

"아이들의 여행 이야기를 책으로 만들어 보는 건 어떨까요?"

우리 아이와 지호는 다섯 살 때 처음 만나 가끔씩 연락하며 지내는 동갑내기 친구입니다. 지호 어머니를 만나면 여느 엄마들과 다름없이 대화는 주로 아이들 이야기로 채워지고, 그 속에서 서로 공감대를 느꼈습니다. 지호 어머니는 교육적인 가치관이 깊은 분이셨습니다. 특히 존경스러웠던 점은, 아이들과의 여행을 교육의 중요한 일부로 여기고, 생각에 그치는 것이 아니라 실천으로 이어 가는 모습이었습니다.

어느 날, 지호 어머니께 아이들의 여행 이야기를 책으로 만들어 보면 어떨지 제안했더니 감사하게도 흔쾌히 허락해 주셨습니다. 하지만 아이들이 직접 글을 써야 하기에, 무엇보다도 아이들의 참여도가 관건이었지만 지호와 쌍둥이 동생들은 충분히 해낼 거라고 믿었습니다.

글을 쓰기 위해 처음 아이들을 만났을 때를 떠올려 보면, 아이들의 눈빛은 초롱초롱 빛났고, 작가가 되는 거냐며 기대감에 찬 질문들을 하기도 했습니다. 제 예상처럼 아이들은 기대 이상으로 글을 쓰기 시작했고, 이제 고작 2학년인 쌍둥이 아이들이 써 내려간 글을 보며 기특하고 대견한 마음이 들었습니다.

아이들이 직접 써 내려간 글들을 보면서 아이들이 세상을 바라보는 다채로운 시각과 순수함을 엿보았습니다. 단순한 여행 경험을 넘어 아이들 마음속 깊이 자리 잡은 순간들과 그때의 감정, 기억들이 참 아름답게 느껴졌습니다. 이러한 경험을 우리 아이들에게도 느끼게 해 주고 싶다는 욕심이 생겨날 만큼 부럽기도 했습니다.

순수하고 생생한 여행 이야기에 나도 모르게 흠뻑 빠져들었고, 당장이라도 여행을 떠나고 싶다는 생각이 들기도 했습니다. 어쩌면 상상 속에서 몇 번이나 여행을 다녀온 듯한 기분이었습니다.

여행 이야기를 담은 글에서 아이들의 마음과 생각을 좀 더 깊이 들여다볼 수 있었듯이 이 책을 읽는 독자들 또한 저와 같은 경험을 하길 바랍니다. 무엇보다도 이 책이 아이들에게 여행의 진정한 의미와 교육적인 깨달음을 선사하는 계기가 되었으면 좋겠습니다.

원지호, 원지민, 원지율 세 아이가 여행을 통해 만난 사람들과 새로운 장소, 그리고 다양한 경험들이 평생 기억에 남아 성장의 씨앗이 될 거라 믿어 의심치 않고, 이를 통해 아이들이 스스로 세상을 배우고 성장할 수 있는 원동력이 될 거라 생각합니다.

저는 이 책이 단순한 이야기책을 넘어, 아이들이 세상을 넓게 바라보고 이해하는 소중한 디딤돌이 되기를 바랍니다.

- '마음을 쓰다. 마음을 읽다.' 대표 이은희

책 머리에

요즘 아이들을 보면 마음이 참 아프다. 우리가 자랄 때보다 점점 더 삭막하고 메마른 환경 속에서 자라고 있다. 자녀가 한 명이나 둘인 핵가족 시대이다 보니 혼자 있는 시간이 많아진다. 그 시간을 유튜브나 자극적이고 폭력적인 오락물로 채우며, 학교와 학원, 집을 오가는 획일적인 삶을 살고 있다. 이런 모습들을 보며, 아이들이 온전한 성인으로 자라기에는 지금의 시간적, 공간적 환경이 너무나 열악하다는 생각이 든다.

나는 아빠로서 아이들과 함께 소통하며 놀아 주고, 아이들이 자유롭게 풍부한 경험과 열린 사고를 할 수 있도록 도와주고 싶었다. 가장 좋은 방법은 여행을 통해 아이들이 직접 보고, 듣고, 느끼고, 자신의 감정과 생각을 표현하게 하는 것이라 생각했다. 그 과정에서 자기 성찰을 하고, 더 깊은 경험을 쌓아 갈 수 있도록 해 주고 싶다.

바쁜 현대사회에서 아버지, 남편, 아들로서 해야 할 역할은 너무나 많다. 하지만 그중에서도 자녀 교육은 절대 소홀히 할 수 없는 중요한 부분이다. 가능한 한 많은 기회를 만들어 아이들과 함께하며, 자연스럽게 다양한 경험을 할 수 있도록 돕고 싶었다. 내 아이들의 인생은 마치 요리와 같다고 생각한다. 요리를 할 때, 먼저 재료를 씻고 다듬어 준비한 후, 재료들을 넣고 조리하며 섞어야만 요리가 완성된다. 그리고 마지막으로 예쁜 그릇에 담아야 진정 최고의 멋진 요리가 되듯이, 아이들도 훌륭한 어른으로 성장하기 위해서는 다양한 경험과 행동으로 준비를 해야 한다.

요즘은 물질적으로 풍요로운 시대다. 하지만 그만큼 아이들은 부모의 과잉보호 아래 자신들이 좋아하고 재미있어하는 것들에만 몰두하게 된다. 나는 이 좁은 세상에서만 머물지 않고, 좀 더 광활한 세계를 보여 주고 싶었다. 원시적인 생활을 통해 현재의 소중함과 아름다움을 모른 채 자라나는 우리 아이들에게, 이 세상에서 무엇보다 가치 있고 소중한 자연이 있다는 것을 깨닫게 해 주고 싶었다.

경험이 많을수록 살아가는 데 분명 큰 도움이 된다. 첫 경험은 우리가 어떤 행동을 할 때 기준이 되고, 더 나은 행동을 할 수 있도록 견인차 역할을 한다. 경험을 거창하게 생각할 필요는 없다. 아무것도 모르던 순수한 우리 아이들이 학교에서 언어를 배우고, 수학과 영어를 배우며, 사회에 적응해 가는 것처럼, 우리는 다양한 경험을 통해 지식과 지혜를 습득해 간다. 친구들과 대화하고 노는 것조차도 경험을 통해 인지하게 된다.

부모님과 함께하는 시간이 아이들에게는 모두 경험이 되며, 그 과정에서 아이들의 성장에 가장 큰 영향을 미친다. 그래서 나는 여행을 통해 아이들과 소통하고, 함께할 시간을 만들어 가야 한다고 생각한다. 아직 늦지 않았다. 지금이 바로 실행하고 행동으로 옮길 때다.

 아이들의 눈높이에서 많은 부분을 경험하게 해 주고, 더 넓은 세상을 보게 해 주고 싶다. 이 글을 쓰는 것도, 내 아이들이 더 나은 세상을 보고 느낄 수 있도록 돕기 위해서다. 나의 바람은 그들이 여행을 통해 세상과 소통하고, 진정한 가치가 무엇인지 깨닫는 것이다. 그 과정에서 나는 언제나 그들의 곁에서 함께할 것이다.

- 아빠가

목차

기획자의 말 …………………………………………………………… 4
책 머리에 ……………………………………………………………… 6

말레이시아   2022년 12월~2023년 2월

말레이시아 프롤로그: 사실은 엄마만의 버킷 리스트였던 두 달 살기 … 14

지민 편

길거리에서 원숭이를 보다니… ………………………………………… 20
레고 러버의 천국 레고랜드 …………………………………………… 22
한여름의 내 생일 ……………………………………………………… 25
말레이시아 유치원을 다니며… ………………………………………… 28
속상했던 하루 ………………………………………………………… 29
두 달 동안 두 집에 살면서… …………………………………………… 32
한국으로 돌아갈 날이 점점 다가오고… ………………………………… 35
그리운 할머니 음식 …………………………………………………… 37

지율 편

출발하는 비행기 안 이야기 …………………………………………… 42
말레이시아에서의 하루 ………………………………………………… 44
새로 생긴 놀이터 ……………………………………………………… 47
크리스마스트리처럼 반짝이는 반딧불 ………………………………… 50
아빠는 지금 뭐 하고 계실까? ………………………………………… 52
내가 좋아하는 최고의 놀이터, 키자니아 ……………………………… 54
놀이공원이 물속에 있다고? …………………………………………… 56
두 달간의 긴 싱가포르·말레이시아 여행이 끝이 나다니… …………… 61

지호 편

두 달간의 말레이시아, 엄마와 함께했던 둘만의 시간 ················ 66
  에피소드 1: Green Lake의 모험 ································· 66
  에피소드 2: 신기한 영화관 경험 ································· 70

유럽   2023년 5월

유럽 프롤로그: 10년이나 기다렸던 막연한 유럽에 우리가··· ········· 74

지호 편

나의 첫 유럽 여행은 독일에서부터 ······························ 78
유럽 여행이 인문영재 합격을 불러오다니··· ······················ 80
너무 좋았던 프랑스 여행 ······································ 84
나의 버킷 리스트 하나를 스위스에서 이루었다 ···················· 89
맛의 나라 이탈리아에 내가 있다니 ······························ 93

몽골   2023년 7월

몽골 프롤로그: 아빠와 딸 둘만의 의미 있는 여행 ················· 98

지호 편

몽골 대초원을 달리는 기회가 나에게도 오다니···
(라고 쓰고 '버킷 리스트 NO.1 성취!'라고 읽는다) ················ 102
  DAY 1 ·· 103
  DAY 2 ·· 104
  DAY 3 ·· 107
  DAY 4 ·· 108

DAY 5 ·· 110
DAY 6 ·· 110
DAY 7 ·· 112

태국   2023년 10월

태국 프롤로그: 방콕, 태국의 대도시로 가다 ································ 116

지호 편

아빠와 함께하는 N번째 여행지, 방콕! ·································· 120
   펫 박람회 ·· 120
   쿠킹 클래스 ·· 121
   담넌사두억 & 매끌렁 철길 시장 ······································· 123

일본   2024년 3월

일본 프롤로그: 깜짝 선물 같은 일본 여행기 ····························· 128

지민 편

도쿄에서의 짧고도 달콤한 여행 ··· 132

지율 편

우와, 일본 여행이다!! ·· 138

말레이시아 프롤로그
: 사실은 엄마만의 버킷 리스트였던 두 달 살기

엄마

    2019년, 큰아이가 2학년이 되던 해부터 내 마음속엔 '한 달 살기'가 버킷 리스트로 자리 잡고 있었다.

    주변 친구들이 한 달 혹은 그 이상 해외에서 지내며 특별한 경험을 쌓아 가는 이야기를 들을 때마다 아이가 부러워하기도 했고, 나도 우리 아이들과 그런 시간을 가져 보고 싶다는 생각을 했다.

    일단 나 역시 20대 시절 외국에서 공부한 경험이 있었기에 외국살이에 대한 부담이나 두려움은 없다. 오히려 그때의 시절이 그리워지기까지 한다.

    그러나 아직 쌍둥이 동생들이 어려서 동생들이 유치원을 갈 때쯤엔 갈 수 있겠다고 생각했다.

    한 달 살기의 목적은 대부분의 부모가 생각하는 것처럼 보통 자녀들의 경험치 축적과 영어 실력을 향상시키는 것이다. 아이 셋 모두가 두 가지 목적을 어느 정도 달성했으면 싶었다.

    말레이시아를 두 달 살기 목적지로 결정한 이유는 큰아이의 한마디였다.

    "엄마, 영어로 말할 수 있는 만큼 중국어도 말하고 싶어."

물론 영어는 어느 정도 할 수 있었지만, 중국어는 대부분 그렇듯 주 1~2회 학원을 다니거나 화상 수업을 한 게 다였다.

그래서 큰아이의 말이 더 다가왔다. 곧 중학교 입학하면 중국어 노출 시간은 더 줄어들 텐데…. 언어라는 것이 실생활에서 사용하지 않으면 쉽게 잊히기 때문에 이번 기회에 중국어에 몰입할 수 있는 환경을 제공하고 싶었다.

말레이시아는 여러 가지 이유로 최적의 선택지였다. 말레이어가 주 언어이긴 하지만 영어 역시 공용어처럼 쓰이고 있고, 더불어 양질의 중국어 수업을 할 수 있는 환경이 잘 조성되어 있었다. 말레이시아에서의 생활은 단순한 언어 학습보다 다른 측면으로 배우고 온 것이 더 많았다.

그곳에서 내가 느낀 점은 말레이시아인들의 국민성이다. 일반적으로 말레이시아 국민들은 인간관계를 중요시하며 ASEAN 주도국 자부심이 강하다. 대부분 다정하고 친절한 반면, 체면을 매우 중요시하며 인간관계를 중시하여 친구나 지인을 극진히 접대하며 편의를 봐주고 친절한 편이다. 또한 동남아 주도국이라는 자부심이 크며, 실제로 동남아 국가 중에서는 경제적으로 뛰어난 편이다. 말레이시아인의 절반 이상이 이슬람교인 만큼 공동운명체 의식에 따라 대체로 느긋하고 여유로우며 온건한 편이고, 보수적인 생활 양식을 유지하고 있다.

이러한 이유에 더하여 최근 K-CULTURE 열풍으로 한국인들에게

호의적인 편이며 특히, 아이들을 정말 사랑스러운 눈으로 봐 준다. 쇼핑몰이나 공원에 가면 현지인들이 실제로 우리 아이들에게 같이 사진 찍자고 하거나 한국말로 인사를 건네는 젊은이들도 쉽게 볼 수 있다. 그것 또한 아이들에게는 재미있는 기억이었을 것이다.

물론 가기 전에는 언어, 새로운 여행 경험, 가성비 등을 고려해서 선택한 것이었지만 가서 보니 현지인들의 주변 사람들에 대한 호의적인 태도들이 그 나라를 더 좋은 기억으로 남을 수 있게 해 준 것 같다.

한두 달 살다 보면 거기에서 느끼는 장점들이 많다.

첫째, 온전히 아이들만 생각하면서 시간을 보낼 수 있다.

한국에 있을 때는 생각보다 집에서 한가로운 시간은 많지 않았다. 특히 나는 풀타임은 아니지만 일을 하고 있고 아이들은 학교, 학원, 그에 따른 과제들 때문에, 한국에서 생활은 아이들과 함께 사는 것이 아니라 살아 내는 것이었다. 말레이시아에 오고 1~2주 정도가 흘렀을 때에는 나도 느긋하고 편안한 분위기에 젖어서 내가 왜 한국에서는 1분 1초를 다퉈 가며 빡빡하게 살아 냈지? 하는 생각을 했었다.

다시 한국으로 돌아가면 전과 같은 일상을 보낼 테지만 말이다.

여유로운 오전에는 퍼즐이나 블록을 하며 보내고, 오후에는 수영을 하고 저녁에는 영화를 보고…. 일상을 떠나오니 한국에선 왜 이게 안 됐을까? 생각을 하게 되었다.

둘째, 이색적인 경험을 해 볼 수 있다는 것이다.

대부분의 한국이 그렇듯 **빽빽한** 아파트만 보던 풍경에서 벗어나 새로운 풍경도 보고 느끼고, 이색 체험도 하고, 말이 안 통하는 장소에서 문제 해결 능력도 키우고, 낯선 환경에서 적응력도 키울 수 있다.

셋째, 우리만 아는 추억들이 쌓이는 것이다.

지금도 그 당시 7~8살이었던 쌍둥이 아이들이 나는 기억도 나지 않는 아이스크림의 모양, 맛 등을 이야기해 주며, 먹고 싶다고 말하기도 한다. 근처 공원에서 타던 자전거와 그 당시 들렸던 노래들을 이야기해 주기도 하며, 유치원에서 만났던 싱가포르 친구가 해 주었던 이야기를 지금에서야 나에게 해 주기도 한다. 아이들의 기억력은 뛰어나서 추억을 꺼내 볼 때마다 자세하고 정확하여 깜짝 놀랄 정도다.

아직도 이따금씩 그때 사진을 보기도 하고 그때 썼던 일기들을 보며 행복해하기도 한다.

난 지금도 이러한 이유로 갈 수 있을지, 없을지도 모르는 한 달 살기 여행지를 조사하고 있다. 언젠가 또다시 떠날 그날을 꿈꾸며….

여행 계획을 세우는 과정조차 나에게는 행복이고, 다음 여행을 기다리는 설렘이기 때문이다.

지민 편

길거리에서 원숭이를 보다니...

"어? 원숭이다!"

길을 가다가 언니랑 나는 눈을 동그랗게 뜨고 외쳤다. 차창 밖으로 길거리에 원숭이들이 떡하니 서 있는 게 아닌가! 한국에서는 동물원에서나 볼 수 있는 원숭이가 여기 조호바루에서는 길에서 떡하니 서 있었다.

"와, 신기하다!"

우리는 얼른 휴대폰을 꺼내 사진을 찍기 시작했다. 그 모습이 너무 신기해서 어쩔 줄 몰랐다. 인도도 잘 안 보이는 이곳은 엄마 말로는 덜 개발되었고, 날씨가 너무 더워서 사람들이 밖에서 잘 걸어 다니지 않는다고 했다. 사실 우리도 너무 더워서 차로만 이동하고 있었다. 그런데 이렇게 한적한 도로에서 원숭이들이 나타나다니!

가만 보니, 원숭이들이 우리를 빤히 쳐다보며 무언가를 기다리는 것 같았다.

"엄마, 얘네 뭐 달라는 것 같아!"

나는 엄마에게 이야기했지만, 엄마도 뭘 줄 게 없었다. 원숭이들이 조금씩 모여들기 시작했다.

"진짜 사람 손 같다."

꼬리도 엄청 길고, 손도 사람 손처럼 생겼는데, 그 모습이 신기하기도 하고 살짝 징그럽기도 했다.

그런데 우리가 가는 길을 자꾸 막기도 해서 살짝 무섭기도 했다. 그리고 도로 한가운데 멍하니 서서 꼬리를 살랑살랑 흔들며 우리를 계속 쳐다보고 있었다. 뭐라도 줄 걸 그랬나? 갑자기 그런 생각이 들었다.

"엄마, 저 원숭이들 뭘 먹고 살까? 바나나도 없는데…."

나는 궁금해서 물어봤다. 엄마랑 엄마 친구도 그 모습이 신기하다고 했다. 원숭이들이 자꾸만 눈앞에서 아른거렸다. 떠나야 하는데, 그 원숭이들이 계속 마음에 남았다.

차가 서서히 출발할 때, 나는 속으로 말했다.

"다음에 오면 꼭 먹을 거 가져올게…."

레고 러버의 천국 레고랜드

　말레이시아에 있는 동안 우리는 레고랜드를 자주 갔다. 레고랜드는 정말 신기한 것들로 가득 찬 곳이었다. 커다란 미끄럼틀도 있고, 다채로운 놀잇감도 있어서 하루 종일 놀아도 시간이 어떻게 가는지 모를 정도였다. 오늘은 레고랜드에서 내가 가장 재미있었던 것 몇 가지를 이야기해 보려고 한다.

　첫 번째로 기억에 남는 곳은 레고 블록과 놀이터다. 놀이터는 정말 특별한 곳이었다. 왜냐하면, 모든 장난감과 놀이기구가 전부 레고 블록으로 만들어져 있었기 때문이다. 그곳은 어느 나라에서 온 친구든 상관없이 모두가 금방 친구가 될 수 있었다. 말이 잘 통하지 않아도 함께 레고를 가지고 놀다 보면 금세 웃음소리가 여기저기서 들려오고, 서로 손짓발짓으로 의사소통을 하며 놀게 되었다. 그중에서도 내가 가장 좋아했던 것은 바로 레고로 자동차를 만들어 경주하는 놀이였다.

　처음에 경주를 하다가 내가 만든 레고 자동차가 와르르 부서졌을 때는 정말 속상했다. '아, 망했다….' 싶었지만, 계속 도전하다 보니 점점 튼튼한 자동차를 만들 수 있게 되었다. 몇 번의 시도 끝에, 나는 마침내 경주에서 1등을 했다!

　"우와! 내가 1등이라니!"

그 순간의 기분은 하늘을 나는 것처럼 너무나도 뿌듯하고 기뻤다.

두 번째로 재밌었던 곳은 바로 레고랜드 워터 파크였다. 워터 파크에서는 정말 신기한 장면을 볼 수 있었다. 이곳 사람들은 검은색 긴 팔, 긴 바지를 입고, 눈만 보이는 검은 히잡을 쓰고 다녔다.

"아니, 이렇게 더운 날씨에 수영장에서까지 히잡을 쓰고 있다니!"

나는 그 모습이 너무 신기했다. 나는 시원한 수영복을 입고 물놀이를 즐겼는데, 이곳 사람들은 히잡을 쓴 채 물에 들어간다니 말이다.

워터 파크에서 나는 다른 나라에서 온 친구들과 함께 파도 풀에서 놀았다. 철썩철썩 파도가 올 때마다 나는 구명조끼를 입고 열심히 파도를 탔다. 키가 작아서 파도에 휩쓸릴까 봐 살짝 걱정도 되었지만, 그 스릴이 너무 재미있었다. 파도 풀은 마치 바다에 온 듯한 기분을 느끼게 해 주어서 내가 워터 파크에서 가장 좋아하는 곳이다. 한참 파도를 타다 보니 좀 지루해질 때쯤, 커다란 TV가 파도 풀 안에 둥둥 떠 있어서 그곳에 누워 영화를 보며 시간을 보낼 수 있었다. '아, 지금 이 순간이 세상에서 제일 행복한 시간이구나!' 하고 생각했다.

또 하나 재미있었던 활동은 레고로 배를 만들어서 물에 띄워 보는 놀이였다. 내가 만든 멋진 배가 물 위를 빠르게 슝슝 떠다닐 때, 그 모습을 보며 마음이 뿌듯했다.

"우와, 내가 만든 배가 이렇게 잘 떠다니다니!"

워터 파크 안에는 정말 큰 놀이터들도 많이 있었다. 더 큰 놀이터를 볼 때마다 나는 엄마 손을 꼭 잡고 "저기! 저기로 가 보자!" 하며 졸라댔다. 엄마를 잃어버리면 안 되니까 꼭 손을 잡고 다녔다. 하지만 가

꼼은 키가 작아서 탈 수 없는 놀이기구도 있었다.
"아…. 타고 싶은데…."
그럴 때마다 속상한 마음이 들었다. 마법을 부릴 수만 있다면 당장 내 키를 크게 만들고 싶은 생각이 간절했다.

레고랜드는 재미있는 놀이기구도 많고, 워터 파크도 있어서 하루 종일 놀아도 질리지 않는다. 놀이기구를 타며 느꼈던 행복한 순간들은 아마도 10년이 지나도, 100년이 지나도 잊을 수 없을 것이다.
"레고랜드는 정말 최고야!"

한여름의 내 생일

"생일 축하합니다~ 생일 축하합니다~"
가족들이 생일 축하 노래를 불러 준다.
"야호! 내 생일이다!"
원래 내 생일은 한겨울에 있다. 그래서 한국에서는 눈썰매도 타고 스키도 타면서 생일을 보냈었다. 하지만 말레이시아에서는 모든 게 달랐다. 하늘에는 뜨거운 햇볕이 내리쬐고, 눈은커녕 시원한 바람 한 점 없이 그야말로 한여름이었다. 어쨌든 뜨거운 여름에 생일이라니, '와, 이건 정말 새로운 경험이다….' 나는 생각했다.

말레이시아는 1년 내내 여름이라서 그런지, 겨울의 추운 공기를 느끼거나 하얀 눈을 볼 수가 없었다. 그래서 그때 깨달았다. 우리나라의 뚜렷한 사계절이 얼마나 고마운지 말이다. 봄에는 꽃이 피고, 여름에는 시원한 물놀이를 즐기고, 가을에는 알록달록한 단풍을 볼 수 있고, 겨울에는 내가 좋아하는 눈썰매와 스키를 탈 수 있는 그런 사계절이 말이다.
그래도 한여름에 생일을 맞이하는 것도 나름대로 특별한 경험이었다. 우리는 백화점에 가서 마음에 드는 선물을 골랐다. 그런데 '우리는'이라고 한 이유는, 나와 지율이는 1분 차이 쌍둥이라서 생일이 같기 때문이다. 백화점에 들어서자마자, 눈앞에 커다란 크리스마스트리와 산타 마을이 펼쳐졌다.
"우와, 이건 뭐야?"
나는 놀라서 눈이 휘둥그레졌다. 산타 마을에서는 함박눈이 펑펑 쏟아지고, 신나는 캐럴이 흘러나오고 있었다.
하지만, 우리가 입고 있는 건 한여름 옷이었고, 밖은 너무 더웠다.
"여름에 크리스마스라니, 이게 뭐야?"
나는 속으로 웃음을 터뜨렸다. 그곳에 있는 동안은 마치 동화 속에 들어와 있는 것 같은 기분이 들었다. 눈은 가짜였지만, 그 순간만큼은 진짜 겨울에 있는 것처럼 느껴졌다.

한참 동안 백화점을 돌아다니며 선물을 사고, 숙소로 돌아와서는 생일 파티를 열었다. 아빠와 함께 파티 준비를 하면서, 기대감에 가슴이 두근거렸다. 내 생일상에는 맛있는 케이크와 과일이 듬뿍 올라와 있었다.
"와, 이거 정말 맛있겠다!"
나는 신이 나서 소리쳤다. 가족들은 모두 모여서 생일 축하 노래를 불러 주었다. 나는 촛불을 후우- 하고 불어 끄며 소원을 빌었다.
"지율아, 너도 행복하지?"
나는 지율이의 얼굴을 보며 물었다. 지율이는 환하게 웃으며 "응, 나도 너무 행복해!"라고 답했다. 우리 둘 다 정말 행복한 순간이었다.
물론, 내 생일에 친구들과 함께하지 못한 건 조금 아쉬웠다. 하지만 한겨울에 생일을 보내던 내가, 한여름에 생일을 맞이하다니! 이건 정말로 특별한 경험이었다. 내가 이런 생일을 또 겪게 될까? 아무리 시간이 흘러도 오늘의 이 기분은 잊지 못할 것 같다.

말레이시아 유치원을 다니며...

나는 말레이시아에 있던 두 달 동안 그곳의 유치원을 다녔다. 한국 유치원과는 다르게 점심시간이 되면, 집에서 싸 온 도시락을 먹곤 했다. 점심은 싸 오지 않은 친구들은 유치원에서 주는 음식을 먹기도 한다. 나는 도시락이 훨씬 좋았다. 말레이시아 음식은 한국 음식처럼 맛있지 않아서 그다지 입에 맞지 않기 때문이다.

점심시간이 되면 어린 친구들은 유치원에서 낮잠을 잤다. 그 시간이 되면, 우리보다 나이가 많은 아이들은 1층 키즈 카페로 내려가서 놀았다. 어느 날, 키즈 카페에서 놀다가 사과를 먹고 있는 선생님들을 보았다. 우적우적 사과를 씹는 소리가 들렸는데, 그 모습이 어딘지 모르게 무섭게 느껴졌다.

어떤 선생님들은 옷을 갈아입고, 동서남북으로 몸을 돌리면서 주문 같은 걸 외우기 시작했다. '뭐지? 이건 뭐 하는 거지?' 너무 신기해서 한참 동안 바라봤다. 궁금해서 엄마에게 물어보니, "이슬람교를 믿는 사람들이라서 기도를 드리는 거야."라고 설명해 주셨다.

그리고 또 다른 친구들은 점심시간이 되면 씻곤 했다. 선생님이 아이들을 한 명씩 씻겨 주셨다. 그런데 엄마는 선생님께 "우리 지민이는 안 씻겨 주셔도 돼요."라고 말씀하셨다. 나는 속으로 '휴! 정말 다행이다.'라고 생각했다. 왜냐하면, 선생님이 씻겨 주시는 게 왠지 불편하고 싫었기 때문이다.

속상했던 하루

어느 날, 정말 속상한 일이 있었다. 5살 친구들이 지율이에게는 알록달록 맛있는 젤리를 주고, 나에게는 주지 않았다. 나는 그 젤리가 너무 먹고 싶었지만, 친구들은 왜 그런지 나에게만 젤리를 주지 않았다. '지율이만 주다니! 나도 먹고 싶은데….' 그래서 결국 지율이 젤리를 뺏어 먹게 되었다. 하지만 그럴 때마다 친구들은 지율이에게만 더 많은 젤리를 줬다. 나는 지율이에게 질투가 났다. '왜 나에게는 안 주는 거야?' 속이 부글부글 끓었다.

그런데 속상한 일이 이게 다가 아니었다. 그날 말레이시아에 함께 온 윤우도 나를 속상하게 했었다. 윤우랑 내 옆을 지나가던 어린아이가 있었는데, 윤우가 그 아이에게 "너는 왜 키가 작아?"라고 말했다. 나는 깜짝 놀라서 "아니야! 아기라서 그래. 이 아이도 많이 클 거야."라고 얼른 말해 주었다. 그런데 갑자기 윤우가 내 팔을 꼬집었다. "으악! 아야!" 너무 아팠다. 내 팔은 빨갛게 변했고, 손톱자국이 크게 남았다. 나는 울음을 참으며 선생님께 달려가 일렀다.

선생님은 윤우에게 사과하라고 하셨고, 윤우는 마지못해 나에게 사과했다. "미안해…." 윤우가 작은 목소리로 말했다. 나는 "다음부터는 그러지 마!"라고 말했다. 선생님 덕분에 사과를 받을 수 있었다.

그날 오후 외국인 친구가 블록 놀이를 하던 내 손을 갑자기 물어 버렸다. "아야! 아파!" 너무 아프고 놀라서 울음이 터질 뻔했다. 외국인 친구는 선생님께 크게 혼났다. 블록에 욕심이 나서 서로 차지하려다가 윤우도 내 등을 꼬집어서 유치원 선생님께도, 윤우 엄마에게도 혼이 났다. 윤우가 윤우 엄마한테 혼이 날 때는 나도 슬펐다. 윤우는 우리 엄마랑 가장 친한 이모의 아들이라서 이곳에 함께 여행 온 친구이다. 아주 어릴 때부터, 내가 아무 기억이 나지 않은 아기 사진에도 윤우랑 나는 함께 있었다. 그런 윤우가 날 꼬집으니 속상했는데 윤우가 이모한테 혼이 나니 그건 더 슬펐다. 나도 윤우한테 못되게 굴 때가 있는데 말이다.

　싸우지 말아야지 하면서도 그 후에도 나랑 윤우는 가끔 싸우긴 했다. 한국에 돌아온 이후에는 같이 컴퓨터 학원도 다니고 지율이, 나, 윤우 이렇게 셋이 놀 때는 나랑 윤우가 더 잘 맞는데 그때는 왜 그랬을까?

　난 지율이보다 영어를 잘하지 못하는데 여기서 나는 말도 잘 안 통하고 내가 말을 더 잘 못해서 더 예민해지고 화나는 일이 많았던 것 같다.

　지금 생각해도 왠지 말레이시아에서 유치원에 다닌 기억은 행복한 기억보다는 행복하지 않은 기억이 더 많다. 맛있는 것도 없고 영어로 말하기는 너무 힘들어서 그랬던 것 같다.

　지율이는 유치원이 지금 생각해도 재밌었다고 하던데….

　신기한 일이 있다. 우리는 쌍둥이지만 서로 좋아하는 것과 잘하는 게 다르다. 엄마도 다른 어른들도 신기하다고 하신다. 우린 좋아하는 음식도, 좋아하는 과목도, 좋아하는 색도, 옷 스타일도 다 다르다. 그래서 나를 좋아하는 친구랑 지율이를 좋아하는 친구들이 다른 가 보다.

아무튼 유치원 다니는 동안 속상했던 일을 생각하니 다시 또 속상해진다.

두 달 동안 두 집에 살면서…

우리는 두 달 동안 말레이시아에 있으면서 한 번 이사를 했다. 처음 한 달 동안 살았던 집은 완전 새집이었다. 반짝반짝 빛나는 대리석 바닥이랑 깨끗한 가구들, 새로 산 세탁기, 전자레인지, 냉장고까지 모두가 새것이라서 집 안이 늘 상쾌한 느낌이 들었다. 언니 방도 따로 있어서 우리 집보다 훨씬 넓고 컸다. 대전에서 살던 우리 집보다 더 넓다니! 베란다에 나가면 저 멀리 푸른 나무들이 빽빽하게 보였고, 더 멀리 보면 반짝이는 바다도 보였다. 정말 멋진 집이었다.

하지만 그 집에서 가장 멋진 건 따로 있었다. 바로 4층에 있는 수영장이었다! 그것도 한 개가 아니라 무려 세 개나 있었다. 어떤 수영장은 모래사장까지 있어서 마치 진짜 바닷가에 온 것처럼 느껴졌다. 스파 욕조도 있어서 몸을 반쯤 담그고 따뜻하게 쉴 수도 있었다. 그리고 바비큐 시설도 있어서 언제든 파티도 할 수 있는 그런 집이었다. 이런 곳이 우리가 매일 놀러 오는 곳이 아니라, 우리 '집'이라니!

"언니, 우리 진짜 여기서 사는 거야?"

나는 언니를 보며 신나서 물었다.

"응, 믿기지 않지? 매일 수영할 수 있겠다!"

언니도 나만큼이나 들떠 있었다.

그래서 지율이랑 나는 유치원에서 돌아오자마자 바로 수영복으로 갈아입고 수영장으로 달려갔다. 첨벙! 첨벙! 물에 들어가자 온몸이 시원해지면서 마치 내가 물고기가 된 것 같은 기분이 들었다. 그리고 날씨가 더워서 젖은 수영복을 입고 놀이터에서 놀면 시원했고 옷도 금방 말랐다. 찰랑찰랑 물이 옷에서 빠져나가는 소리가 들리면, 우린 엄마한테 동전을 받아서 자판기에서 작은 과자랑 음료수를 뽑아 먹곤 했다.

"언니, 나 진짜 행복해!"

수영장에 들어가서 하늘을 보며 나는 말했다.

"맞아, 나도. 한국에 있었으면 수학 학원이랑 유치원에 가야 했을 텐데, 여기서는 매일매일 이렇게 놀고 있으니 꿈같아!"

언니도 내 마음을 알았는지 웃으며 말했다.

한 달이 지나고, 우리는 잠깐 여행을 다녀온 뒤 다른 집으로 이사를 했다. 이번 집은 새집은 아니었지만 여전히 깨끗하고, 첫 번째 집보다는 조금 좁았지만 언니 방도 따로 있어서 불편하진 않았다. 수영장도 있었는데 전보다 조금 좁고 물이 차가워서 수영하고 나면 사우나에 가서 몸을 따뜻하게 데워야 했다.

이 집의 테라스에서는 외국인들이 많이 보였다. 그냥 말레이시아 사람들뿐만 아니라 미국 사람, 유럽 사람처럼 생긴 사람들이 여기저기 앉아 있었다. 가끔 그들이 우리에게 말을 걸어 주기도 하고, 노트북을 들고 와서 테라스에서 일하기도 했다.

"여기 진짜 미국 같아! 말레이시아 아닌 것 같아."

언니가 속삭이듯 말했다.

또, 1층으로 내려가면 엄청 많은 상점들이 있었다. 첫 번째 집에서는 어디든 가려면 무조건 차를 타야 했는데, 여기서는 언니랑 우리끼리 나가서 맛있는 간식을 사 먹을 수 있었다. 제일 좋은 건 유치원이 바로 앞에 있어서, 엄마랑 걸어서 갈 수 있다는 거였다. 우리 중 누가 컨디션이 안 좋거나 열이 나면 갔던 동서울 식당도 집 앞에 있어서 걸어서 금방 갈 수 있었다.

처음에는 첫 번째 집이 더 좋았다고 생각했지만, 엄마는 두 번째 집이 더 비싸고 엄마가 더 살고 싶었던 집이라고 하셨다. 나는 매일 차를 안 타서 편하긴 했지만, 그렇다고 해서 더 좋다고 느끼진 않았다. 그래도 어떤 집이든 다시 가고 싶긴 하다.

한국으로 돌아갈 날이 점점 다가오고...

 말레이시아 조호바루에 처음 왔을 때 너무 설레고 기대됐다. 우리가 살고 있는 아파트 안에 수영장이 있고, 큰 놀이터와 해변도 있어서 매일매일 신나고 즐거웠다. 싱가포르, 쿠알라룸푸르, 말라카, 데사루 등 여행도 많이 다니고, 매일 영어로만 말해야 하는 한국의 영어 유치원도 가지 않아도 되니 하루하루가 정말 천국 같았다. 사실 난 영어를 안 좋아했는데, 여기서 영어로 꿈도 꾸었으니 말이다!
 하지만 시간이 지나면서 보고 싶은 사람들이 떠올랐다.
 첫 번째로 보고 싶은 사람은 백춘복 선생님이다. 백춘복 선생님은 나랑 지율이를 100일 때부터 조호바루에 오기 전까지 늘 돌봐 주셨던 선생님이다. 선생님 옷에서는 항상 향긋한 향이 났고, 내가 좋아하는 커피 과자도 자주 주셨다. 우리랑 자전거를 타고 한 시간 넘게 산책도 해 주시고, 내가 좋아하는 퍼즐도 같이 맞춰 주셨던 선생님이 너무 그리웠다.
 두 번째는 아빠다. 아빠는 말레이시아에 딱 5일만 와 주셔서 헤어질 때 너무 슬펐다. 아빠는 자주 우리에게 장난도 치고 가끔 나를 울리기도 하지만, 언제나 큰 힘이 되어 주신다. 시계가 고장 났을 때도, 청소기가 고장 났을 때도, 뭐든지 고장 난 건 아빠가 다 고쳐 주시고, 우리가 아무도 못 드는 무거운 것도 번쩍 들어 주신다. 그래서 아빠가 같이 있지 못해서 슬펐다.

세 번째는 음메 할머니, 음메 할아버지다. 할머니, 할아버지와 놀 때는 언제나 신이 난다. 할머니, 할아버지 집에는 넓은 잔디밭이 있어서 같이 축구도 하고, 연도 날리고, 목장에 있는 송아지들한테 우유를 주기도 하는데, 그게 너무 재밌고 귀엽다. 내가 짜증을 부려도 화내지 않으시고, 사 달라고 하는 건 다 사 주시는 할머니, 할아버지가 너무 보고 싶었다. 평소에 같이 춤도 추고 노래도 부르며 재밌게 놀았는데, 한참이나 떨어져 있으니 기분이 좋지 않았다.

　네 번째는 한국에서 같은 동네에 사는 민채, 송아, 정원이, 민재라는 친구들이다. 우리 아파트에는 같은 유치원, 같은 학교에 다니는 친구들이 많았다. 집에 있다가 심심해서 밖에 나가면, 친구들 중 한 명 정도는 늘 밖에 있었다. 조호바루에서도 지율이랑, 또 같이 온 친구 윤우랑 놀다가 심심해질 때가 있는데, 그럴 때마다 아파트 친구들이 생각났다. 어쩔 때는 생각이 맞지 않아서 싸우기도 하지만 금방 화해하고 다시 잘 논다. 그래서 나는 친구들이 좋다.

　말레이시아에서도 유치원 친구도 사귀고 새로운 선생님들도 많이 만났다. 그래도 언제나 나를 사랑해 주는 한국에 있는 보고 싶은 사람들보다 더 좋진 않았다.

그리운 할머니 음식

나는 우리 집의 먹보 대장, 쩝쩝 박사다! 우리 자매 중에서 먹는 걸 내가 제일 좋아한다. 말레이시아 조호바루에 온 지 일주일쯤 지났을 때, 문득 그리운 것이 생겼다. 그건 바로 할머니 음식이다.

"할머니 음식이 그립다…."

난 할머니가 해 주신 음식을 좋아한다. 할머니가 해 주신 음식을 생각하니 입에 침이 고인다.

첫 번째로 생각난 음식은 모락모락 김이 피어오르는 잔치국수다. 두 번째는 케첩을 사르르 뿌린 오므라이스다. 계란이 노릇노릇하게 밥을 감싸고, 그 위에 케첩이 예쁘게 뿌려져 있으면 감탄이 절로 나온다. 그리고 마지막으로, 가장 좋아하는 건 할머니표 간장계란밥이다. 밥 위에 간장과 달걀이 쓱쓱 비벼질 때 나는 소리마저도 맛있게 들린다. 엄마도 해 주실 수 있지만, 할머니 손맛에는 뭔가 특별한 게 있다.

"아…. 할머니 음식이 먹고 싶어!"

나는 그렇게 할머니 음식을 그리워하며, 종이에 하나씩 적기 시작했다. 그러다 보니 어느새 20가지가 넘는 음식들이 적혀 있었다. '와, 내가 이렇게 좋아하는 음식이 많았구나!' 잠시 생각했다.

물론, 조호바루에서도 맛있는 음식이 많았다. 수요일마다 열리는 야시장은 신세계 같았다. 야시장에는 처음 보는 신기한 음식들이 잔

뚝 있었다. 그중에서도 잭프루트라는 과일이 가장 기억에 남는다. 노란색으로 반짝반짝 빛나고, 겉모양은 울퉁불퉁하지만 한 입 베어 물면 쫄깃쫄깃하면서 망고 맛이 나는 그 신기한 과일!

"오, 이거 완전 맛있다!"

하지만, 두리안이라는 과일은….

"으악, 이건 뭐야!"

처음 맡았을 때부터 똥 냄새가 확 풍겨 왔다. 이미 냄새가 고약하다는 건 알고 있었는데 직접 맡아 보니 더 대단했다. 그래도 용기 내서 한 입 먹어 보려고 했지만, 도저히 무리였다. 우웩! 입에 넣자마자 바로 뱉어 버렸다.

"도대체 이걸 어떻게 먹지?"

두리안을 아무렇지 않게 먹는 그 나라 사람들이 정말 신기했다. 나중에 알고 보니, 우리가 머무는 숙소에는 '두리안 금지'라고 쓰여 있었다. 그 정도로 냄새가 고약하다는 뜻이다. 나는 속으로 생각했다. '음…. 난 평생 두리안은 못 먹겠어.'

마지막으로, 엄마가 꼭 먹어 보라고 한 아보카도주스가 있었다.

"이거 진짜 맛있다!"

아보카도와 우유를 섞은 맛이 내 입맛에 딱 맞았다.

말레이시아 조호바루는 정말 더운 나라다. 덕분에 과일이 싸고 맛있다. 특히 망고는 매일 먹어도 질리지 않을 정도였다. 어떤 망고는 내 머리보다 큰 것도 있었다. 망고를 배불리 먹을 때면, '아, 이게 바로 행복이구나!'라는 생각이 들었다. 그리고 또 하나, 내가 좋아하는 신기한 빵이 있었다. 이름은 '로티 티슈'다. 이 빵은 내가 팔을 양쪽으로 쭉 뻗은 것보다도 길었다.

"우와, 이 빵 진짜 길다!"

빵 위에는 꿀이 발라져 있어서, 한 입 먹으면 달콤함이 입안 가득 퍼졌다.

야시장에 가면 꼬치, 과일, 망고 등 먹을 것이 정말 많았다. 그리고 사고 싶은 장난감들도 가득했다.

"여긴 진짜 천국이야!"

더운 여름 나라라 돌아다니는 게 힘들긴 했지만, 야시장에서 맛있는 과일과 음식을 먹을 수 있어서 즐거웠다. 여행을 하면서 맛있는 음식을 많이 먹어 보긴 했는데 이름이 다 기억나지 않는다.

그래도, 그 어떤 음식보다도 내가 제일 그리운 건 할머니 음식이다. 할머니 음식이 생각나서 괜히 마음이 뭉클해지는 날이었다.

"할머니가 해 주신 간장계란밥이 너무 먹고 싶어…."

지민 편

지율 편

출발하는 비행기 안 이야기

오늘은 드디어 말레이시아로 떠나는 날! 몇 달 전부터 기다리고 기다리던 두 달간의 여행이 시작된다. 두둥~! 설렘으로 가득한 마음을 안고, 우리 가족은 공항으로 출발했다. 우리 가족은 다섯 명인데, 이번 여행은 긴 여정이라 짐이 일곱 개나 되었다. 첼로까지 챙기느라 짐이 더 많아졌지만, '와, 이제 진짜 떠나는구나!' 하는 생각에 가슴이 두근두근 설레기만 했다.

드디어 출발! 짐도 다 맡기고, 우리 가족은 비행기에 올라탔다. 하지만 아쉽게도, 다섯 명이 전부 함께 앉을 수 없어서 자리를 나눠 앉아야 했다.
"같이 앉으면 좋았을 텐데…."
조금 아쉬웠지만, 난 아빠와 함께 앉았다. 우리 옆에는 할머니 한 분이 계셨는데, 할머니는 친구분들과 여행을 가신다고 하셨다. 할머니는 싱가포르에 간다고 하셨다. 우리는 두 달간 말레이시아에 간다고 하니, "좋은 부모님을 두어 참 행복한 아이로구나." 하며 웃으셨다. 처음에는 모르는 사람이라 쑥스러웠지만 할머니가 친절하게 말을 걸어 주셔서 금세 마음이 편해졌다.

비행기는 6시간 정도나 걸렸다. "우와, 언제 다 가나…." 걱정했지만, 생각보다 시간이 빨리 지나갔다. 비행기 안에서 장난감도 주고, 맛있는 밥에 간식까지! 게다가 아이스크림까지 나왔다. 제일 재미있었던 건, 아빠와 함께 영화도 보고, 게임도 한 거였다.
"아빠, 이 영화 진짜 재밌지? 우리 다른 거 또 보자!"
특히 영화가 너무 재미있어서, 밥도 많이 못 먹고 영화에 푹 빠져 있었다.

긴 비행이었지만, 승무원분들도 친절하게 대해 주시고, 아빠도 계속 재밌게 놀아 주셔서, '생각보다 힘들지 않았고 재밌다!'라고 느꼈다. 비행기 안에서의 시간은 정말 재미있었다. 하지만 지민이는 조금 힘들었던 모양이다. "나, 이제 두 시간 넘는 비행기 절대 안 탈 거야!"라며 투덜대는 지민이 모습에 피식 웃음이 나왔다.
나는 어땠냐고?
"나, 또 비행기 타고 여행 가고 싶어!"
다음 여행이 벌써부터 기대된다!

말레이시아에서의 하루

 말레이시아의 콘도에는 멋진 수영장이 있다. 우리가 이곳저곳 구경하느라 바빠서 미처 수영을 즐기지 못했던 우리는 오늘 드디어 수영장에 가기로 했다. 하지만 난 슬프게도 수영을 못 하게 됐다. 어제저녁부터 목이 따끔따끔 아프고 열이 나기 시작했기 때문이다.
 "에휴, 이번에 수영을 못 하다니…."
 내내 풀이 죽어 있으니, 엄마가 내 귀에 대고 살짝 말씀하셨다.
 "좀 있다가 다 나가면 유튜브 보여 줄게."
 유튜브라니! 수영을 못 해 우울하던 내 얼굴이 그 순간 환해졌다. "정말? 알았어!" 기분이 조금 나아졌다. 그리고 엄마가 나를 위로하려는 마음이 느껴져서 고마웠다. 그런데 어디선가 귀신같이 지민이가 나타났다.
 "뭐? 유튜브 본다고? 나도 수영 안 하고 유튜브 볼래!"
 지민이도 수영을 포기하고 유튜브를 보겠다고 고집을 부리기 시작했다. "안 돼, 그건 나만 볼 수 있는 거야!"라고 했더니, 지민이는 "왜? 나도 볼래!" 하며 난리를 쳤다. 결국 우리 둘은 티격태격 싸우기 시작했고, 결국 엄마가 화가 잔뜩 나서 "둘 다 유튜브 안 보여 줄 거야! 그냥 조용히 누워 있어!"라고 말씀하셨다.
 "아, 정말 속상해! 다 지민이 때문이야!"
 유튜브를 못 보게 된 게 너무 억울하고, 지민이가 미웠다. 지민이만 아니었으면, 유튜브 보면서 신나게 시간을 보낼 수 있었을 텐데 말이다.

그때 엄마에게 전화가 걸려 왔다.

"엄마 카드 안 가져왔어."

수영장으로 간 지호 언니가 전화를 했다. 수영장 카드를 깜빡하고 안 가져간 모양이다. 그래서 엄마는 카드를 가지고 언니에게 가셨다.

"엄마, 빨리 다녀오세요…."

엄마가 잠시 카드만 주러 가셨는데도, 우리끼리만 있으려니 괜히 무서워졌다. 엄마가 오래 안 오실 것 같은 생각이 들자, 결국 참아 왔던 울음이 터져 나왔다. 아까는 그렇게 미웠던 지민이가 이럴 때 같이 있으니 조금 덜 무서워졌다. 그제야 지민이가 고마워졌다.

"지민아, 아까 화내서 미안해."

나는 지민이에게 살짝 사과했다. 지민이는 미안하다는 말은 안 했지만, 내 사과를 받고 기분이 좋아진 듯 보였다.

엄마는 생각보다 금방 돌아오셨다. 그때 마침 지호 언니의 수영이 끝났고, 우리도 슬슬 밥 먹을 시간이 됐다. 아플 때마다 꼭 가는 식당이 있었다. 그곳은 바로 '동서울'이라는 한국 식당이다. 말레이시아에서 한식을 먹을 수 있는 몇 안 되는 식당이기도 했다. 우리는 아플 때마다 여기를 찾곤 했다. 신기하게도, 이 식당에서 밥을 먹으면 아픈 게 금방 낫는 느낌이 들었다. 지민이가 아팠을 때도 여기서 밥을 먹었고, 다른 친구가 아팠을 때도 이곳에서 밥을 먹었다.

오늘도 동서울 식당에서 맛있는 밥을 먹고 나니, 내 몸도 한결 가

벼워진 것 같았다.
"역시 동서울 식당이 최고야!"
오늘따라 동서울 식당이 더 그립다.

새로 생긴 놀이터

말레이시아에 있을 때도 매일같이 유치원에 갔었는데, 어느 날 엄마가 갑자기 말씀하셨다.

"지율아, 이번 주는 유치원 안 가도 돼. 일주일 동안 쉴 거야!"

"와! 정말요? 왜요? 무슨 일이에요?"

나는 너무 신나서 물었다. 일주일이나 쉰다니, 이게 무슨 횡재인가 싶었다. 엄마가 설명해 주셨다.

"말레이시아의 설날이거든."

우리나라 설날은 길어 봐야 사흘 정도 쉬는데, 말레이시아는 일주일이나 쉰다니 정말 신기했다. 이렇게 긴 연휴는 처음이라 더 신나는 마음으로 지내게 됐다.

연휴가 시작되던 날, 우리는 숙소 근처에 있는 '갤러리아'라는 쇼핑몰로 향했다. 거기에 새로 생긴 엄청 큰 놀이터가 있었다. 그곳에 도착하자마자 눈앞에 펼쳐진 광경에 나는 깜짝 놀랐다. 정말로 거대한 에어 바운스가 나를 반기고 있었던 것이다!

"우와, 진짜 크다!"

나는 친구와 지민이와 함께 에어 바운스를 타기로 결심했다.

"엄마, 링깃 좀 주세요!"

에어 바운스를 타려면 코인이 필요했다. 엄마에게 돈을 받아 코인으로 바꾸고, 5코인을 손에 쥔 우리는 신나게 에어 바운스로 달려갔다. 에어 바운스는 생각보다 훨씬 더 컸고, 정말 재미있었다. 뛰고, 구르고, 미끄러지다 보니 어느새 이마에 땀이 송골송골 맺혔다. 지민이 얼굴은 사과처럼 빨개졌다. 나도 얼굴이 후끈거렸다.

　에어 바운스에서 실컷 놀고 난 후, 우리는 옆에 있는 뽑기 기계로 갔다. 지민이는 자꾸 자기 코인을 아끼려고 내 것만 쓰려고 해서 조금 짜증이 났지만, 그래도 재밌어서 참았다. 하지만 뽑기를 계속 구경하다 보니 나도 참을 수가 없었다.

"에잇, 나도 할래!"

결국 나도 뽑기를 시작했고, 꽤 많은 걸 뽑았다.

뽑기 기계에서 놀다 보니 물고기 잡기 게임이 눈에 들어왔다. 그곳에서 진짜 물고기를 잡을 수 있었다! 낚싯대가 손에 쥐어지자 나는 마치 진짜 낚시꾼이 된 것 같았다.

"우와, 진짜 물고기야!"

물고기들이 불쌍해 보였던 나는 엄마에게 물고기를 집에 가져가도 되냐고 물었다. 하지만 엄마는 "안 돼, 여기에 놔두고 가야 해."라고 단호히 말씀하셨다. 낚시를 하면 보통 집에 물고기를 가져가는데, 왜 여기는 안 되는 걸까? 조금 서운했지만 엄마의 말을 따르기로 했다.

시간이 훌쩍 지나갔다. 새로 생긴 놀이터에서 정말 다양한 놀이를 즐길 수 있었고, 너무 재미있어서 시간이 가는 줄도 몰랐다. '방학이 끝나지 않았으면 좋겠어. 매일 이렇게 재미있는 하루를 보내면 정말 행복할 것 같아.'라고 생각했다.

크리스마스트리처럼 반짝이는 반딧불

조호바루에 오기 전부터 엄마가 꼭 봐야 한다고 하신 게 있었다. 그건 바로 반딧불 투어였다. 솔직히 처음엔 반딧불이 뭔지도 잘 몰랐고, 그냥 엄마, 아빠 따라 나서게 되었다. 하지만 덜컹거리는 길을 지나고, 벌레들이 막 날아다니고, 습하고 더운 날씨까지 더해지니 나는 점점 투덜거리기 시작했다.

"여긴 왜 온 거야. 힘들어, 엄마!"

한 시간을 넘게 달려 도착한 곳은 시골 마을 같았다. 배도 고프고 지쳐서 그런지 더 힘든 것 같았다. 도착하자마자 맛있는 저녁을 먹고 나서, 우리는 배를 타고 반딧불을 보러 갔다. 사실 반딧불은 책에서만 봤지, 실제로 본 적은 없었다. 밤하늘이 점점 어두워지고, 깊은 숲 속으로 들어갈수록 반딧불은 어떤 모습일지 궁금해지고, 슬슬 설레기 시작했다.

드디어! 작은 전구들이 반짝반짝 빛나는 듯한 반딧불들이 눈앞에 펼쳐졌다. 너무 신기해서 눈을 깜빡일 틈도 없었다. '우와, 이게 진짜 반딧불이야!' 나는 속으로 외쳤다. 반딧불들은 마치 크리스마스트리의 전구처럼 깜빡거리며 빛나고 있었다.

그런데 어떤 아저씨가 휴대폰을 꺼내 사진을 찍으려고 하자, 배를 운전하던 아저씨가 "여기서는 사진 찍으면 안 돼요!"라고 하셨다. 플래시 불빛이 반딧불들에게 방해가 되어, 더 이상 빛을 내지 않게 될 수도 있다고 하셨다. 나도 사진을 찍고 싶었지만, 아저씨의 이야기를 듣고 자연 그대로의 모습을 보기로 마음을 먹었다.

  반딧불들이 반짝이는 모습을 멍하니 바라보고 있으니, 문득 엄마에게 짜증 냈던 기억이 떠올랐다. 엄마는 우리에게 크리스마스트리처럼 아름다운 반딧불을 보여 주려고 이곳에 데려왔는데, 그런 엄마 마음도 모르고 덥고 벌레가 많다고 짜증을 부린 게 미안해졌다. 비록 말은 못 했지만, 속으로 '엄마, 아까 짜증 부려서 미안해요.'라고 조용히 생각했다. 엄마는 내가 마음으로 한 이야기를 들으셨을까?

  투어를 함께했던 다른 가족 중에 아빠랑 같이 온 한 살 많은 오빠가 있었다. 그 오빠랑 차에서 이야기 게임도 하고, 이런저런 재미있는 얘기를 나누다 보니, 낯설었던 처음과 달리 금방 친해졌다. 그래서인지 투어가 끝나고 헤어질 때가 되자 헤어지기 아쉬웠다. 다음에 기회가 된다면 또 만나서 더 재미있게 놀고 싶다는 생각이 들었다.

  우리나라에도 멋진 산, 아름다운 바다, 경치 좋은 곳이 많지만, 반짝반짝 빛나는 말레이시아의 반딧불은 잊을 수 없을 것 같다. 마치 꿈속에서 크리스마스트리를 본 것 같았으니까.

아빠는 지금 뭐 하고 계실까?

　우리는 두 달간 여행하고 한국에 가기로 했다. 그런데 아빠는 우리와 함께 오셨다가 딱 일주일만 계시고, 다시 한국으로 가셔야 했다. 아빠와 오랫동안 함께하고 싶었는데, 가셔야 한다니 정말 아쉬웠다. 그래서 씩씩하게 꾹 참으려고 했지만 슬픈 건 어쩔 수 없었다.
　아빠가 떠나는 날 공항까지 모셔다드렸다. 아빠가 정말 가신다고 생각하니까 눈물이 훅 났다. 일 때문에 가셔야 한다니, 아빠가 불쌍하다는 생각이 들어서 마음이 더 아팠다. 평소에는 아빠가 귀찮기도 하고, 화내고 나쁜 말 할 때는 싫기도 했는데, 우리를 위해 일하러 가신다고 생각하니까 눈물이 더 많이 났다.
　아빠가 떠나기 전에 생일 파티를 한 게 가장 재미있었다. 아빠와 함께했던 즐거운 일들이 계속 떠올라서 슬프기도 했다. 아빠는 평소에 친구 같은 아빠라서 더 좋아하는데, 이제 한국 갈 때까지 아빠를 못 본다니 너무너무 아쉬웠다. 그래서 하루에 두세 번씩 영상 통화를 하면서 아빠 얼굴도 보고 목소리도 들었다.
　그런데 재미있는 일이 일어났다!
　어느 날 친할머니와 영상 통화를 하는데, 아빠와 할머니의 눈이 평소와 다르게 이상해 보였다. 자세히 보니까, 할머니랑 아빠가 몰래 쌍커풀 수술을 했다는 거다! 우리가 여기 있는 동안, 성형수술을 하고 비밀로 하시다니…. 엄마는 그 소식을 듣고 완전 화가 나셨다. 아빠는 한쪽 눈이 잘못 돼서 두 번이나 다시 수술을 받으셨다고 하셨다. 우리가 원래 눈으로 돌아오라고 이야기했다.

이 이야기를 쓴 걸 아빠가 알면 어떻게 반응하실까? 창피해하실까, 아니면 웃으실까? 아빠의 반응이 너무 궁금하다!

내가 좋아하는 최고의 놀이터, 키자니아

아침부터 기분이 좋았다. 왜냐면 '키자니아'에 가는 날이기 때문이다. 키자니아는 직업을 체험할 수 있는 곳이다. 키자니아는 한국에서도 가 봤는데 말레이시아에도 있다고 한다. 과연 똑같을지 기대되고 궁금했다.

우리가 머물고 있던 조호바루에서 쿠알라룸푸르로 이동을 해야 했다. 키자니아는 쿠알라룸푸르에 있기 때문이다. 쿠알라룸푸르는 조호바루에서 6시간이나 차를 타고 가야 한다. 이곳에 함께 온 내가 이모라고 부르는 엄마 친구와 렌터카를 타고 출발했다. 가는 동안 우리는 게임을 하고 노래도 하며 즐거운 시간을 보냈다.

가는 길에 길거리에 있는 원숭이를 보았다. 정말 신기하고 놀라웠다. 길거리에 원숭이가 있다니 한국에서는 볼 수 없었던 풍경이라서 더 신기했다.

우리와 함께 왔던 아빠는 일이 있어서 한국으로 빨리 가게 되었다. 아빠랑 오래 더 있고 싶었는데 슬펐다. 그리고 혼자 쓸쓸히 가야 하는 아빠가 외로울 것 같아 조금 걱정되었다.

키자니아에 도착했다! 한국 키자니아는 한국말로 했는데 말레이시아 키자니아는 영어로 이야기를 해야 했다. 그래서 영어를 자주 쓰다 보니 영어를 많이 배우게 되었다. 키자니아에서 라면도 만들었고 택배 아저씨처럼 택배 일도 해 보았다. 택배 물건을 집 앞까지 전달해 주는 일이었는데 재미있었다. 또 기억에 남는 건 라면 만들기 체험이었다. 컵라면 통에 라면을 넣고 그 위에 포장지로 감싸서 만들었는데 이렇게 라면이 만들어지는구나 싶어 신기하고 흥미로웠다. 라면은 진라면이었다. 한국에서 보았던 진라면이 여기에 있다니 반가웠다. 라면을 먹었는데 정말 맛있었다.

다른 체험들도 많이 했는데 두 가지만 생각이 난다. 역시나 키자니아는 한국도 말레이시아도 재미있다. 한국 키자니아랑은 영어를 써야 한다는 것만 다르고 모두 똑같다. 한국 친구들과 같이 오고 싶은 생각도 들었다.

놀이공원이 물속에 있다고?

나는 원래 물에서 오래 노는 것을 많이 좋아하지 않는다. 그런데 엄마가 말레이시아는 놀이공원을 옮겨 놓은 것 같은 워터 파크가 있다고 하니 궁금한 마음이 샘솟았다. 난 물놀이는 좋아하지 않지만 놀이공원에서 놀이기구 타는 것은 엄청 좋아하기 때문에 워터 파크가 기대되었다.

금요일에 유치원을 마치고 조호바루에서 데사루라는 곳으로 여행을 갔다. 차를 타고 1시간에서 1시간 30분 정도 갔다. 말레이시아는 아직 우리나라처럼 길이 완만하지 않아서 덜컹거릴 때도 있었다. 그렇지만 덜컹대는 그 길이 웃기고 재미있었다. 유치원이 끝나고 간 거라서 도착하니 밤이 되었다. 어쩔 수 없이 워터 파크는 그다음 날 가야 했다.

다음 날, 아침부터 정말 더웠다. 말레이시아는 해가 너무 뜨겁기 때문에 선크림을 잔뜩 발라야 하고 꼭 모자를 써야 한다. 그게 더 답답하고 더운데 말이다.

준비를 하고 데사루 워터 파크에 들어갔다. 가자마자 깜짝 놀랐다. 입구에 들어가자마자 바이킹이 왜 있지? 물놀이장에 바이킹이라니….

수영복을 입고 너무 신나서 바이킹을 타러 갔다. 한국에서는 줄을 많이 서야 하는데 줄을 안 서도 된다니…. 너무 좋았다.

신나게 엄마와 언니, 지민이와 함께 바이킹을 탔다. 바이킹이 높게 오를 때면 떨어질 것 같아 무섭기도 하고 내려올 때는 재미있기도 해서 소리를 막 질렀다. 맘껏 소리 지르면서 타니까 더 신나는 것 같다.

워터 파크는 정말 넓었다. 놀이기구도 많고 할 것도 많아 천천히 지도를 살펴보았다. 파도타기를 하면 큰 워터 파크를 한 바퀴 돌아볼 수 있었다. 우리는 각자 튜브를 들고 파도 풀로 뛰어갔다.

레고랜드에서도 히잡을 쓰고 수영장에 들어온 사람을 봤는데 여기서도 수영복을 입은 우리와 많이 달라 보였다. 우리가 가을, 겨울에 입는 것 같은 검정색 긴팔 트레이닝복 같은 것에 검은색 히잡을 쓰고 물놀이를 하는 게 아직도 신기하다.

"엄마, 저 사람들은 트레이닝복을 입고 들어가는 거야?"

엄마는 말씀하셨다.

"아니야. 이 나라 사람들은, 특히 여자들은 옷 규제가 심해서 종교를 믿는 정도에 따라 여자들은 발목 위부터 드러내면 안 되는 상황이 있어. 그래서 그런 거야."

그때는 유치부여서 무슨 말인지 몰랐지만 2학년이 되니 무슨 말인지 이제 조금 알 것 같다.

우리가 몸에 튜브를 끼우고 둥둥 떠다니고 있었는데 물속에 개구리가 있었다. 시골에서나 볼 수 있는 개구리가 수영장에 있다니! 너무 신기했다.

한국에서는 수영장에 있는 개구리는 상상도 못 했는데 실제로 보니 재밌었다. 지민이는 수영장 어디선가 예쁜 꽃을 찾아서 엄마에게 주었다. 우리는 각자 예쁜 꽃을 찾아서 귀에 꽂고 사진도 찍었다.

 신나게 두세 바퀴 돌고 우리는 재밌는 게임을 했다. 큰 통 위에 의자가 달려 있고 그 옆에 다트 판 같은 것이 있었다. 농구공 같은 걸로 그 다트 판의 중앙을 맞히면 큰 통 위의 의자에서 떨어져서 물속으로 풍덩 빠지게 된다. 의자에 앉아 있는 동안은 심장이 엄청 두근두근거린다. 지민이가 세 번 정도 공을 던져서 다트 판 중앙에 맞혔고 나는 떨어졌다. 떨어지기 전에는 정말 무서웠는데 막상 떨어지게 되니 정말 재밌었다.

 그리고 우리는 서핑도 해 보았다. 우리 세 자매 모두 처음에는 균형을 못 잡아 몇 초도 못 버티고 실패했다. 보기에는 쉬워 보였는데 정말 어려웠다. 언니는 조금 버티고 뒤로 떠내려갔고 나는 언니보다 많이 버텼는데 떠내려가고 지민이도 마찬가지로 떠내려갔다. 균형 잡는 게 너무 어려웠지만 다음에 또 하고 싶다.

 여기 수영장에서 제일 재밌었던 것은 우리나라 후룸라이드 같은 것이다. 그런데 그냥 후룸라이드가 아니고 물에 롤러코스터가 있는 느낌이었다. 한국에서 한 번도 본 적 없는 물놀이 기구다. 언니랑 나는 너무 재밌어서 두 번, 세 번 탔고 엄마랑 지민이는 한 번 타고 우리가 타는 모습을 동영상으로 찍어 주었다. 엄마는 우리가 너무 예쁘게 나왔다며 그 동영상을 카카오톡 프로필 사진으로 설정하여 한참 두셨다. 한국에서는 놀이공원에서만 타는 롤러코스터와 바이킹을 수영장에서 타다니…. 진짜 두 배로 재밌었다. 순간 놀이공원인

줄 알았다.

　내가 레고랜드에서 제일 좋아하면서 먹었던 장미 아이스크림이 여기도 있었다. 모양은 진짜 장미 모양인데 맛은 딸기, 바닐라, 초코가 골고루 들어가 있는 엄청 맛있는 아이스크림이다. 정확히 기억은 안 나는데 이 아이스크림이 놀이공원에서 가격이 우리나라 돈으로 500원도 안 했던 것 같은데…. 진짜 싸다고 생각하면서 먹었던 기억이 난다.

　오늘 제일 행복했던 것은 아이스크림을 많이 먹은 것이고 제일 재밌었던 것은 물속에서 롤러코스터를 탄 것이었다.

두 달간의 긴 싱가포르·말레이시아 여행이 끝이 나다니...

 말레이시아 조호바루에는 한국으로 가는 비행기가 없어서 싱가포르로 가서 한국 가는 비행기를 타야 했다.
 처음에 아빠와 함께 조호바루에 왔을 때도 싱가포르로 와서 아빠와 여기저기 여행했었는데 갈 때도 우리끼리 싱가포르를 더 구경한다고 했다. 우리는 아빠 있을 때 가 보지 못한 나이트 사파리를 가려고 했고 그 전에 싱가포르 공항 투어를 했다.
 내가 여러 나라 공항을 가 보진 못했지만 싱가포르 공항은 엄청 큰 대형 놀이터 같았다. 내가 가 본 공항 중 최고였다.

 처음으로 디즈니 애니메이션 〈엔칸토〉 인형들이 있어서 그 앞에서 사진을 찍었다. 공항 실내에 폭포도 있었는데 신기했다. 밤이 되니 색도 예쁘게 변하고 훨씬 멋있게 변했다. 폭포를 보고 있으니 내 마음도 시원해졌다. 구경하며 걷다 보니 갑자기 풀잎으로 장식되어 있던 벽에서 꽃이 튀어나왔다. 우리는 깜짝 놀라서 꺅 소리를 지르고 도망갔다. 그리고 미로 탈출도 있었다. 우리는 모두 흩어져서 출구를 찾으려고 돌아다녔는데 정신없이 돌아다니다 보니 생각이 났다. 제주도에서도 해 본 적 있었다. 거긴 큰 외부 공원이었는데 이게 왜 실내 공항에 있지?
 미로 탈출을 하고 거미줄을 타는 스파이더맨처럼 꼭대기에 올라가서 슬라이드를 타는 것이 있었다. 미끄럼틀은 언제나 재밌지!

　신나게 공항 구경만 했는데 3~4시간이 흘렀다. 우리는 공항에 짐을 맡기고 나이트 사파리를 가려고 택시를 탔다.

　이때 지민이 컨디션이 별로였다. 비밀이 하나 있는데 지민이는 원래 냄새에 예민해서 생선 가게 옆이나 시장을 지나갈 때 코를 막는다. 그런데 말레이시아도 싱가포르도 택시나 그랩(Grab)을 타면 차에서 좋지 않은 냄새가 났다. 지민이는 조호바루에서 싱가포르로 오는 차 안에서 이상한 냄새가 난다고 하고 길도 조금 울퉁불퉁해서 공항에 오자마자 토를 했었다.

　속이 좋지 않을 텐데 공항에서는 신나게 놀았다. 그런데 택시를 타고 사파리까지 올 때 또 안 좋은 냄새가 속을 안 좋게 했나 보다.

　엄마는 지민이가 걱정이 되어서 사파리에 도착했을 때 지민이를 업어 주셨다. 지민이는 계속 엄마한테 미안하다고 했고 나도 엄마가 힘들 것 같아서 속상했다. 날씨도 더운데 들어가서 우리는 일단 앉아서 동물 공연을 보면서 조금 쉬었다.

　원숭이, 앵무새들이 연기하는 모습이 웃겼다. 그리고 영어로 사육사분들이 설명해 주시고 이야기해 주시는데 그렇게 어렵지 않은 말들이어서 알아듣기 쉬웠다.

　드디어 사파리 버스를 탔다. 엄마는 원래 사파리 동물들은 야생 동물들이어서 야행성이라 밤에 오면 한국에서 보는 것보다 더 활발한 동물들을 볼 수 있을 거라고 하셨다.

　버스가 와서 탔는데 깜짝 놀랐다. 차에 천장과 창문이 없어서 무서웠다.

  우리 네 명 다 놀랐다. 갑자기 사자나 호랑이가 튀어나오면 어떻게 되는 거지? 다른 사람들은 걱정이 없나 보다. 다들 신나 있는 거 같았다. 내가 원래 동물을 잘 볼 수 있는 쪽에 앉는다고 했었는데 엄마한테 다시 자리를 바꿔 달라고 했다. 동물들이 있는 곳에 우리도 없이 자유롭게 다니는 모습이 신기하면서 무섭기도 했다.

  사자가 정말 우리 가까이 다가왔다. 난 소리를 지르고 엄마한테 안겼다. 계속 사파리 버스를 타고 있으니 무서워서 그런 건지 밤이 되어서 그런 건지 점점 시원해지는 것 같았다.

  밤 11시, 12시까지 동물을 보는 게 신기했다. 밤늦게까지 놀고 다시 공항으로 돌아갔다. 이제 좀 졸렸다. 다시 배도 고픈 것 같고….

  우리 비행기는 새벽 2시라고 하셨다. 우리는 덥고 배고프고 시간도 있어서 라운지에 갔다. 간단히 씻고 라운지에 자리를 잡고 맛있는 음식과 음료를 가지고 왔다. 그리고 엄마는 내가 좋아하는 태블릿으로 유튜브도 보게 해 주셨다. 맛있는 걸 먹으며 넓은 자리에 혼자 앉아서 헤드셋을 끼고 영상을 보니 행복했다. 하루 중에 제일 좋았다.

  이렇게 우리의 긴 여행도 마무리되었다.

지호 편

두 달간의 말레이시아, 엄마와 함께했던 둘만의 시간

2023년 말, 우리는 두 달간 말레이시아 조호바루로 여행을 떠났다. 엄마는 오래전부터 해외에서 한 달 살기를 계획하고 있었지만, 코로나19 때문에 그 계획이 미뤄졌었다. 여러 도시를 고민하다 결국 조호바루로 결정한 이유는 나 때문이었다. 나는 7살 때부터 중국어를 배웠고, 더 유창하게 하고 싶다는 생각에 엄마에게 그런 말을 한 적이 있었다. 말레이시아는 중화권이면서 영어가 주요 언어이고, 중국어와 한자가 많이 쓰이는 곳이라 좋은 환경이 될 거라고 생각하셨던 거다. 그래서 나는 그곳에서 두 달간 학교를 다니며 방과 후 수업처럼 매일 1시간씩 중국어를 배웠다. 말레이시아어도 조금 배울 수 있어서 정말 재미있었다.

동생들과 함께한 시간도 좋았지만, 엄마와 둘만의 시간이 특히 기억에 남는다. 동생들과는 교육 기관이 달랐고, 쉬는 날도 조금씩 달라서 엄마와 나만의 특별한 시간이 생기곤 했다.

에피소드 1: Green Lake의 모험

어느 날 아침, 동생들은 등원하고 엄마와 나는 조호바루 구도심에 있는 'Green Lake'에 가 보기로 했다. 전에는 투어로도 많이 가던 곳이었지만, 코로나 이후로 관광객이 거의 없어진 데다 관리가 잘 안 되어서 투어 업체도 운영을 중단한 곳이었다. 하지만 우리 모녀는 특별한 모험을 하고 싶었기에, Green Lake까지 데려다줄 기사님을 찾았다. 기사님도 이곳을 잘 모르셨지만, 인터넷을 뒤져 가며 찾아 낸 위치까지 데려다주셨다.

숲속 길에 내려 처음 걸음을 옮겼을 때는 약간 두려운 느낌이 들었다. 끝도 없이 펼쳐진 울창한 숲길, 그리고 고요한 가운데 간간이 들려오는 새소리…. 새소리조차 무섭게 들릴 만큼 주변은 조용하고 사람도 없었다.

"엄마, 우리 그냥 돌아갈까?"

나는 불안한 목소리로 말했다. 엄마는 고민하시다 결국 "조금만 더 가 보자. 그래도 여기까지 왔으니까!"라며 나를 안심시켰다.

그때였다. 오토바이를 탄 20대 남자들이 지나갔다. 그들이 우리를 보고 멈추더니, 우리가 헤매는 듯 보여서 도움을 주겠다고 했다. 처음엔 너무 조용한 곳이라 낯선 이들이 오히려 무섭게 느껴졌지만, 그들은 군인이라고 자신을 소개하며 Green Lake까지는 30분 이상 걸어야 한다고 했다. 우리가 당황해하는 모습을 보더니 태워다 주겠다고 하셨다.

"어, 어떡하지? 타야 하나?"

나는 엄마를 올려다보며 물었다.

엄마는 잠시 망설이시더니 "타 보자. 선택의 여지가 없어 보이네."

라고 말씀하셨다. 우리는 용기를 내어 군인들의 오토바이에 올랐다.
 그 순간, 무더웠던 날씨가 시원한 바람과 함께 천국처럼 느껴졌다. 처음 타 보는 오토바이의 짜릿한 속도감과 바람이 정말 기분 좋았다.
 드디어 Green Lake 정상에 도착했다. 엄마가 인터넷에서 본 사진보다 훨씬 멋진 풍경이 눈앞에 펼쳐졌다. 군인 아저씨들 덕분에 우리는 마음껏 사진을 찍고 경치를 구경했다. 그런데 그때, 한 군인 아저씨가 담배를 꺼내 들었다.
 "Excuse me! Cigarettes are bad for you. Don't smoke."
 나는 용감하게 이야기했다.
 아저씨는 머쓱해하며 웃더니 담배를 도로 집어넣었다.
 호수는 마치 백두산 천지처럼 온통 나무와 돌, 흙으로 둘러싸여 있었고, 물은 정말로 초록빛을 띠고 있었다. 난 호수가 왜 이렇게 초록색으로 보이는지 궁금해졌다. 나무들이 비쳐서 그런 건지, 이끼가 껴서 그런 건지….
 한 시간 가까이 그곳에 머물렀다. 군인 아저씨들은 우리와 이야기하며 사진도 찍고, 시간을 함께 보내 주셨다. 돌아갈 때도 오토바이를 태워 주셔서 정말 감사했다. 엄마는 그들에게 감사의 표시로 돈을 건넸지만, 절대로 받을 수 없다며 거절했다. 20대 초반으로 보이는 젊은 군인들이 이렇게 멋지다니, 그때 나는 말레이시아 사람들에게 한 번 더 반하게 되었다.

에피소드 2: 신기한 영화관 경험

　말레이시아에도 한국처럼 쇼핑몰이 많다. 우리가 자주 가던 쇼핑몰에는 어린이 수영장, 대형 마트, 그리고 극장이 있었다. 엄마는 동생들이 없는 날, 우리 둘만 영화를 보러 가자고 하셨다.
　드디어 그날이 왔다. 아침에 한국 분식집에 들러 떡볶이와 김밥을 먹고, 쇼핑몰 극장으로 향했다. 극장은 우리나라보다 훨씬 아이들을 배려하는 시설이 많았다. 영화표를 예매한 후, 우리는 마치 키즈 카페 같은 공간에 들어갔다. 영화 시작 전까지 그곳에서 놀 수 있었고, 그곳을 지나면 바로 영화관으로 이어지는 문과 화장실이 따로 있었다.
　극장 안에 들어서자, 더 놀라운 광경이 펼쳐졌다. 극장 좌석은 주황, 노랑, 파랑 알록달록한 색깔로 되어 있었고, 집에 있는 소파보다 더 푹신한 소파 형태의 좌석이 있었다. 그리고 영화 스크린 바로 앞에는 미끄럼틀과 볼 풀이 있었다!
　"엄마, 여기 진짜 신기해!"
　나는 두 눈을 동그랗게 뜨고 말했다.
　엄마도 웃으시며 "그러게 말이야. 다음에 동생들이랑 다시 오자!" 하셨지만, 결국 다시 오진 못했다.
　영화가 시작되기 전, 나는 미끄럼틀을 한 번 타 보았고, 큰 소파에 누워 팝콘을 먹으며 영화를 감상했다. 영화 사운드가 커서 아이들이 조금 시끄럽게 해도 전혀 신경 쓰이지 않았다. 영화도 어렵지 않아서 한국어 자막 없이도 이해할 수 있었다.

엄마와 나는 신나게 영화를 보고, 집으로 돌아왔다. 솔직히 말해, 동생들 없이 엄마와 단둘이 보내는 시간이 더 좋았던 것 같다. 한국에 돌아가면 엄마와 둘만 다닐 기회가 많지 않을 테니, 그 시간을 최대한 즐기고 가야겠다는 생각이 들었던 것 같다.

유럽 프롤로그

: 10년이나 기다렸던 막연한 유럽에 우리가...

엄마

2013년 은행에서 단순히 은행 직원의 실적을 도와주고 싶은 마음으로 매달 5만 원씩 10년 비과세 적금을 들어 둔 것이 있었다.

그때는 당연히 쌍둥이 동생들도 없었고 지나가는 말로 남편과 은행을 나오며 남편에게 10년 뒤 아이가 6학년이 되니까 그때 나랑 아이랑 유럽 여행을 가겠다고 했었다.

그게 2013년 유럽 여행의 시작이다.

정말 천천히 2013년도 초부터 유럽 여행에 대한 공부를 하고 있었는데 마침 남편이 이탈리아에 사업차 가게 되면서 계획이 예상보다 일찍 실현되었다. 원래는 10월에 가려고 했으나 조금 앞당겨 5월에 가게 되었다.

나의 아이는 다양한 경험을 하고, 이것저것 배워 보며 자라기를 바랐다.

내 아이가 온 세상을 넓게 바라보고 만만하게 느껴졌으면 좋겠다고 생각했다. 집안의 깨어 있는 어른들도 온 세상을 바라보며 어려운 사람을 돕는 한비야 선생님같이 자라게 하라며 응원해 주셨었다. 돌잔치 때 큰아이의 큰할머니는 커다란 지구본을 사 주실 정도였다. 돌 반지나 용돈도 좋지만 난 아직도 그 지구본이 기억에 남는다.

그러한 마음이 가득해서, 돌 전 아이를 데리고 여행 다니기 시작했고, 15개국 이상을 다녔다.

아이와 함께한 여행 중 유럽, 특히 그중 스위스가 우리 가족에게 잊을 수 없는 추억을 남겼다. 푸른 초원과 눈부신 알프스의 경치는 마치 동화 속 세계에 온 듯한 느낌을 주었다.

스위스의 시간은 단순히 아름다운 풍경을 감상하는 것을 넘어, 우리 가족이 자연 속에서 하나가 되는 시간이기도 했다. 또 유럽 여행의 경험들은 우리 가족이 함께 성장하는 과정이었고, 가슴속 깊이 간직하며 살아갈 수 있는 귀한 보물이라고 말하고 싶다.

지호 편

나의 첫 유럽 여행은 독일에서부터

독일, 스위스, 이탈리아, 프랑스로 총 4개국을 방문했다.

독일부터 소개하자면 일단 독일 프랑크푸르트에 갔다.

처음 갔을 때 사실 조금 깜짝 놀랐다. 왜냐하면 너무 더러웠기 때문이다. 거리에 주사기와 술병이 매우 많았다. 여행을 도와주시는 여행사분이 독일은 마약을 국가에서 나누어 준다고 말씀해 주셨다. 마약에 중독된 사람이 많아서 불법을 최대한 저지르지 않도록 그냥 나누어 주고 해결한다고 한다.

다음 날, 프랑크푸르트 안쪽으로 들어가 도시를 구경했는데 그곳은 정말 아름다웠다. 예쁜 분수도 있고 매우 신도시 느낌이었다. 제가 처음에 본 지저분한 독일 느낌과 매우 달리 걸리는 깨끗했다. 익숙한 스타벅스도 보였고, 각종 예쁜 커피숍과 쇼핑몰들도 있었다.

그리고 독일에서 매우 맛있는 음식들을 맛보았다. 솔직히 독일은 음식이 가장 기억에 많이 남았다. 맛있는 음식들을 많이 먹었지만 그 중 기억에 남는 건 바로 슈니첼이라는 음식이다.

슈니첼을 설명해 보자면 원래 오스트리아에서 유래되었지만, 독일에서는 국민적인 음식으로 자리 잡고 있는 음식이다. 슈니첼은 주로 돼지고기를 사용하여 만들어, 닭고기나 송아지고기도 사용될 수 있다. 이 음식은 돈가스와 유사하지만, 튀기지 않고 굽는 방식으로 조리된다. 그래서인지 바삭한 튀김 식감 대신 부드럽고 촉촉한 맛이 특징이다.

또, 기억에 남는 음식은 슈바인스학세이다. 그냥 학센이라고 불리기도 한다. 이것은 돼지다리 요리라서 우리나라의 족발과 겉보기엔 유사해 보이지만, 다른 조리법과 특징을 가지고 있다. 돼지다리 부위를 껍질과 함께 구워 내서인지, 바삭한 겉면과 부드러운 속살이 매력적이었다.

다양한 소스를 함께 곁들여 먹으면 더욱 맛있는 학센은 독일의 전역에서 슈니첼과 함께 가장 인기 있는 음식 중 하나라고 한다. 어쨌든 독일의 첫 모습은 너무 지저분한 모습에 당황스러웠고 더럽다고 생각했지만 독일 여행이 끝난 후엔 매우 매력적인 여행이었다는 생각이 든다. 그리고 더럽다는 생각이 없어졌다.

독일 여행을 마치고 우리는 독일 버스를 7시간 타고 프랑스로 이동했다. 버스는 조금 이상한 냄새도 나고 불편했지만 신기한 것도 있었다. 무엇이 신기했냐면 독일 버스 안에 화장실이 있었기 때문이다. 화장실이 있는 버스는 처음 타 보았기에 신기했다.

유럽 여행이 인문영재 합격을 불러오다니...

　독일 여행을 갔을 때 인상 깊었던 일이 하나 있었다. 길거리에 굉장히 많은 노숙자들도 신기하고 이상했지만 더 이상했던 건 노숙자들의 대부분이 반려견을 데리고 있는 것이었다. 처음에 보았을 때는 노숙자가 불쌍했지만 비슷한 광경이 계속될수록 말도 할 수 없고 의사표현도 불가능한 강아지를 책임감 없이 데려와서 길거리에 방치하는 노숙자가 이상해 보였고 원망스럽기까지 했다. 원래 노숙자는 돈이 없어서 노숙자 본인 음식도 구하기 어렵고 힘들 텐데 독일에선 대부분의 노숙자들이 강아지를 한두 마리 키우고 심지어 5마리 키우는 사람까지 있었다. 왜 저렇게 하고 있는지 궁금해졌다. 그래서 독일에 살고 계시는 이모(엄마 친구)께 여쭤봤다.
　"이모, 궁금하고 신기한 게 있어요."
　"그게 뭔데?"
　"독일에선 어떻게 노숙자가 강아지를 그렇게 많이 키워요?"
　"아~ 독일, 유럽에선 강아지 키우면 돈을 줘. 특히 독일은 반려견과 함께 있는 노숙자에게 반려견이 굶어 죽지 않도록 사료비를 지원해 주기도해. 그 지원 금액이 적지 않아서 사료를 사고도 남으니 노숙자들이 그 돈 때문에 반려견을 키우기도 하지!"
　"진짜요?"
　"응. 그리고 반려동물 키우는 법도 우리나라보다 더 엄격해서 강아지를 학대하거나 막대할 수는 없으니 너무 걱정 안 해도 돼~"

"아하, 우리나라랑 많이 달라서 재밌고 새롭네요. 또 다른 점도 있을까요?"

"독일은 독일에서 반려견을 키우게 되면 '훈데슐레(Hundeschule)'라고 불리는 반려견 학교에 등록하고 개 주인과 반려견 모두 교육을 받도록 되어 있어. 이곳에서 기본적인 매너교육과 훈련 등을 통해 반려견을 올바르게 다루고 교육시키는 방법과 반려견의 바른 사회성을 길러 주게 되거든. 덕분에 공공장소에서 사람이 많을 때와 다른 개들과 만났을 때에도 반려견이 당황하여 충동적인 행동을 하지 않을 수 있지. 사람들 역시 훈련받은 개라는 점을 알고 있기 때문에 거부감 없이 자연스럽게 개들과 섞일 수 있고…. 그리고 반려견의 정기적인 산책이 의무여서 오랜 기간 동안 반려견을 산책시키지 않을 경우 옆집에서 신고가 들어가는 일도 있지. 또 여기는 한국과 달리 주택 거주가 많기 때문에 대형견을 키우는 사람들이 많아."

"와, 정말 신기하네요."

"맞아, 노숙자들이 강아지들을 키우는 이유를 알겠지?"

"네."

독일에서 노숙자들이 강아지들을 키우는 까닭을 이모께 자세히 들으니 궁금증이 해소가 되었다. 하지만 이모는 설명이 부족해 보였는지 이어서 계속 이야기를 해 주셨다.

독일은 반려견의 복지와 보호를 위해 다양한 법적 조치들이 있다고 했다. 예를 들어, 독일에서는 반려동물 학대 방지를 위해 엄격한 법률이 존재하며, 반려견의 건강과 행복을 위한 다양한 프로그램과 지원을 제공한다는 것이다. 또한, 독일에서는 반려견을 입양하는 경우 동물 보호 단체를 통해 입양할 수 있으며, 이를 통해 유기견들에게 새로운 가정을 제공할 수 있다고 한다. 그런 이야기를 들으며 종종 우리나라에서 들리는 강아지, 고양이 학대 뉴스들이 생각났다. 독일처럼 엄격한 법이 생겼으면 좋겠다고 생각했다.

그렇게 독일에서의 새로운 반려동물에 관한 이야기를 듣고(아빠가 관련업종에 종사하고 계셔서 더 관심이 갔던 것 같기도 하다.) 유럽여행을 마치고 한참 시간이 흘러 12월 인문영재 시험을 응시했다. 대전대학교 인문영재 시험은 지필고사로 이루어졌는데, 거기서 신기하게도 하늘은 내 편이었는지 반려동물에 대한 문제가 서술형으로 나왔다. 문제가 뭐였는지 대충 기억을 더듬어 보자면 우리나라의 반려동물 유기에 대한 해결 방법이었다. 난 대부분의 친구들이 반려동물 신고를 의무화하고 세금을 내게 하자는 쪽으로 서술할 거라고 생각했다. 물론 그것도 맞는 방법이지만 난 독일에서 들었던 이야기를 바탕으로 오히려 반려동물을 키우는 사람에게 작은 지원을 해 주자는 식의 글을 써 내려갔다. 독일에서의 기억을 떠올리며 적었다. 적으면서도 내 생각이 참신하고 기발하다고 생각했다. 그랬더니 이게 웬일인가! 감사하게도 인문영재 시험에 합격이 되었다.

한국에서는 노숙자가 반려동물 키우는 것을 한 번도 보지 못했기에 독일의 그 모습이 더 놀라웠고 그것을 적었을 뿐인데 합격이라니 정말 기뻤다.

그리고 잠시 '독일의 반려동물에 대한 법을 한국에서도 시행한다면 어떨까?'라고 생각도 해 봤다.

장점도 있을 거고 단점도 있을 테지만 한국에서도 한국 실정에 맞게 시행이 되면 좋겠다. 왜냐하면 한국은 점점 유기동물이 늘어가고 있으니까 말이다. 최소한 반려동물을 키우고자 할 때 지금처럼 과자 사듯이 마트에 가서 사 오는 것이 아니라 보호자 교육을 시행하는 등 행정절차가 까다롭게 있으면 어떨까 생각해 보게 되었다. 유럽에 반려동물에 대한 법이나 제도를 한국으로 가져와 반려동물 복지기금을 지급한다면 유기동물도 줄어들고 반려동물을 키우는 사람들이 늘어나고 반려동물을 더 귀하게 여길 거라는 생각도 들었다.

독일 여행! 즐겁기도 했지만, 배운 것이 더 많았던 여행이었다. 덕분에 올 한 해는 내가 '인문영재'가 아님에도 불구하고 좋은 기회를 얻어서 의미 있는 경험을 해 볼 수 있게 되어 좋다. 유럽 여행은 곳곳에서 큰 깨달음이 있었고, 신기하고 재미있는 것도 많았다.

너무 좋았던 프랑스 여행

엄마랑 아는 분이 프랑스에 살고 계셔서 겸사겸사 여행을 가게 되었다. 여행하는 동안 많은 도움을 받았는데 감사하게 생각한다.

프랑스의 유명한 명소 루브르 박물관과 에펠탑은 잊지 못할 추억이다. 루브르박물관에서 멋진 작품들을 많이 봤지만 그중 가장 인상 깊었던 작품은 역시나 「모나리자」다. 「모나리자」는 사진으로만 봤었는데, 직접 보니 감탄이 절로 나왔다. 한동안 입을 다물 수 없었다.

이런 그림을 직접 볼 수 있다니 실감이 안 났다. 「모나리자」에 대해 조금 설명해 보자면, 레오나르도 다빈치의 걸작이고, 이는 세계에서 가장 유명한 초상화 중 하나지만, 언제, 누구를 모델로 하여 그려진 것인지에 대해서는 정확하게 알려진 바가 없다고 한다.

프랑스에서 가장 유명한 것은 에펠탑이라고 생각한다. 에펠탑으로 가기 전 파리 거리를 거닐며 바게트와 와인, 각종 맛있는 간식들을 접하며 쇼핑하는 시간을 가졌다. 에펠탑에 도착하자, 에펠탑 아래에 준

비한 돗자리를 펴고 피크닉을 즐겼다. 사진으로만 보던 에펠탑을 직접 보고 있으니 감동이 느껴졌다. 내 눈앞에 있는 게 사실인가 싶은 정도로 흥분되었고 직접 보는 에펠탑은 정말 웅장하고 크고 멋있었다. 이 시간이 멈추면 좋겠다는 생각도 들었다. 우리는 해가 떠 있을 때부터 질 때까지 계속 피크닉을 즐겼다. 지겨울 줄 알았던 피크닉은 시간이 지날수록 경치도 더 예뻐지고 해가 지고 저녁이 되니 에펠탑에 조명이 들어왔는데 그 모습은 정말 아름다웠다. 아름다운 에펠탑의 야경을 보니 해가 질 때까지 기다리길 잘했다는 생각이 들었다. 또 이모가 가져온 와인병에 넣는 조명 덕분에 예쁘고 분위기 있는 피크닉을 즐길 수 있었다. 야경을 즐기며 놀고 있는데 어떤 아저씨가 매우 많은 열쇠고리를 가져오시며 프랑스어로 뭐라 말하셨다. 같이 온 프랑스 사는 이모가 계셨기에 무슨 말인지 알 수 있었다. 그 열쇠고리를 구입하라는 내용이었는데, 너무 비싼 가격을 부르셨다. 그 이모가 프랑스어로 말씀해 주셔서, 많은 열쇠고리를 싼 가격에 구입할 수 있었다.

　뒤쪽을 보니 사람들이 모두 손을 잡고 뱅글뱅글 돌며 춤을 추는 모습이 보였다. 나와 이모도 가서 춤을 추었다. 쑥스러울 줄 알았는데 너무 재미있었다.

　프랑스에서 먹은 마카롱도 기억난다.
　백화점 같은 곳에 들어가서 신기한 과일들도 보고 먹어 보고 마카롱도 구입하여 먹어 보았는데, 한국 마카롱과 조금은 달랐다. 솔직히 프랑스 마카롱이 더 부드럽고 달지 않아서 먹기 좋았다. 또 까눌레라는 디저트가 생각난다. 그 디저트는 프랑스의 전통 과자이고 정식 명칭은 까눌레 드 보르도라고 한다.

이 중 까눌레는 프랑스어로 '세로 홈을 판', '주름을 잡은' 등이란 뜻으로 독특하게 생긴 까눌레 전용 틀이라고 한다. 잘 알려지지 않은 사실이긴 한데, 와인 덕분에 생겨난 디저트라고 한다. 과자의 아이덴티티인 전용 황동 틀 안쪽에 밀랍을 코팅하여 만들어서 겉은 바삭하고 안쪽은 촉촉한 맛이 특징이다.

그리고 프랑스에서 한 사건이 있었는데, 바로 소매치기다.

엄마가 주머니에 핸드폰을 넣어 놓고 걸어가던 중 뒤에서 갑자기 핸드폰을 뺏어 간 것이다.

그때 너무너무 놀라서 나는 아무 말도 하지 못하고 있었다. 그 광경을 목격한 나는 심장이 쿵쾅쿵쾅 뛰며 무서웠다. 하지만 다행히 엄마는 영어로 "그것은 내 거야."라고 말하시며 핸드폰을 뺏으셨다. 용기 있는 엄마가 대단했다. 핸드폰을 잃어버리지 않아서 너무 다행이었다. 나도 그 사건이후로 유럽 여행 동안 계속 조심하고 다녔다. 유럽은 소매치기가 흔하다고 한다. 그래서 대부분 사람들이 가방을 앞으로 메거나 지퍼가 잘되어 있는 가방 혹은 물건을 쉽게 꺼낼 수 없는 가방을 멘다고 한다. 당시는 무섭기도 하고 충격적이기도 했지만 덕분에 조심성이 생긴 것 같아 좋은 경험이라고 할 수 있을 것 같다.

나의 버킷 리스트 하나를 스위스에서 이루었다

스위스에 도착!!!!!!!!!

맛있는 아이스크림을 먹었고, 내 돈으로 갖고 싶은 것을 자유롭게 샀다. 토끼 인형도 샀고 스위스 기념품과 펜도 샀다. 또 구경거리가 가득했던 스위스 마트도 쇼핑했다.

스위스는 초콜릿이 유명하다고 한다. 그래서 마트에서 초콜릿을 종류별로 샀고 다른 간식들도 많이 샀다. 갑자기 부자가 된 것 같은 기분이었다. 너무 좋았다. 스위스의 첫날은 행복한 쇼핑으로 하루가 끝났다.

다음 날엔 엄마와 아빠랑 함께 인터라켄에 갔다. 인터라켄은 스위스에 있는 마을인데 스위스 관광 명소로 유명한 곳이다. 인터라켄에 도착하자마자 곤돌라를 타고 올라갔다. 곤돌라에서 내렸을 때 매우 매우 깜짝 놀랐다. 경치가 정말 멋있었기 때문이다. 눈앞에 펼쳐진 자연 경관은 정말 아름다워서 입이 안 다물어졌다. 사진을 많이 찍었는데 내가 사진을 못 찍어서일까? 직접 눈으로 보는 감동이 사진에 담기질 않아서 속상했다. 친구들에게도 보여 주고 싶었는데 말이다.

그곳은 바람이 많이 불어 무지 추웠다. 그래도 인생 샷은 남겨야겠다는 생각에 사진을 많이 찍었다. 그중 맘에 드는 인생 샷들이 있어서 다행이라 생각했다.

인생 샷을 찍고 더 높이 올라가기 시작했다. 길이 너무 위험해서 우리는 조심조심 천천히 올라갔다. 올라가는 도중에 바닥이 투명색으로 된 곳이 있는데, 아빠는 고소공포증이 있어서 올라가다가 포기했고 나와 엄마는 끝까지 올라갔다가 다시 내려왔다.

아빠는 인터라켄 식당에서 기다리고 있었다. 돈가스를 시켰는데 한국 돈가스와는 달랐다. 맛은 한국 돈가스가 훨씬 맛있다. 돈가스를 다 먹은 뒤 카트를 타고 내려왔다. 카트를 타고 내려오면서 보는 풍경은 아까보다 백배 더 아름다운 것 같았다. 눈물이 왈칵 쏟아질 것 같은 감동이 느껴졌다.

우리는 그곳에서 패러글라이딩을 하기로 했다. 패러글라이딩은 나의 버킷 리스트 중 하나이다. 드디어 나의 버킷을 이루는 날이 온 것이다.

지하철을 타고 만나기로 한 장소로 갔는데 픽업하려는 차량은 한참을 기다려도 오지 않았다. 게다가 아빠는 배터리도 방전된 상태였다. 내 핸드폰은 외국에선 안 되어서 방법이 없었다. 결국 아빠는 어쩔 수 없다며 돌아가자고 하셨다. 이렇게 포기할 수가 없었다. 패러글라이딩이 너무 하고 싶었기 때문에 아빠에게 조금만 더 기다려 보자고 했다. 하지만 10분이 지나도 20분이 지나도 우리를 픽업해 줄 차량은 오지 않았다.

아빠는 직접 택시를 타고 갈 생각으로 택시를 잡았다. 비용은 4유로라고 했다. 나쁘지 않은 것 같아서 직접 패러글라이딩 장소로 갔다.

드디어 도착하여 기뻐하려고 하던 중 기쁨도 잠시였다. 택시비가 40유로라고 하는 거다. 그 돈이면 한국 돈으로 약 5만 원 정도이다. 생각보다 많은 비용이 나와서 당황스러웠지만 어쩔 수 없이 돈을 지

불했다. 좋지 않은 마음으로 택시에서 내렸는데 이건 또 무슨 일인가? 도착한 곳은 우리가 예약했던 업체가 아니었다.

"에효…. 어차피 도착했으니 그냥 이곳에서 패러글라이딩을 하자."

아빠는 그렇게 말씀하셨고 드디어 꿈에 그리던 버킷 리스트를 이루게 되었다. 도와주시는 분들이 장비를 가져오셨고 장비 착용하는 걸 도와주셨다. 패러글라이딩 장비는 매우 무거웠다.

모든 준비 완료!! 근데… 막상 하늘을 난다고 생각하니 너무너무 무서웠다. 자신이 없어서 못 할 것 같았다. 하지만 내가 꿈에 그리던 버킷 리스트를 이렇게 포기할 수 없었다. 너무 무서웠지만 다시 마음을 다잡고 용기를 내었다.

하나.
둘.
셋.
뛰어!

점프와 동시에 나의 몸은 산 아래로 내려가고 있었고 내 몸은 하늘을 날고 있었다. 무서움은 금세 사라지고 너무 기분이 좋았다. 행복 그 자체였다. 하늘을 날자 가슴이 뻥 뚫리는 듯했고, 마치 내가 한 마리 새가 된 기분이었다. 이렇게 높은 곳을 날고 있다는 게 믿기지 않았다. 평생 할 수 없을 것 같았던 나의 버킷 리스트를 하게 되다니 이 순간을 잊지 않으려고 즐겼다. 나의 버킷을 이뤄서일까. 스위스 여행이 유럽 여행 중 최고의 나라였다고 생각했다.

나와 같은 친구가 있다면 겁먹지 말고 용기 내서 꼭 패러글라이딩을 해 보라고 추천하고 싶다. 버킷 리스트는 이루었지만 언젠가는 또 가서 다시 해 보고 싶은 것 중 하나이다.

다시 또 만나, 스위스~!!

맛의 나라 이탈리아에 내가 있다니

 우리 가족은 나, 엄마, 아빠, 쌍둥이 동생들 이렇게 다섯 명인데, 이번 유럽 여행은 동생들은 집에 두고, 아빠, 엄마, 그리고 나 이렇게 세 명만 다녀왔다. 솔직히 말하자면, 동생들이 없어서 더 자유롭고 즐거운 시간이었던 것 같다. 미안한 마음도 들지만, 그만큼 나만의 시간을 즐길 수 있었다.
 이탈리아에 위치한 볼로냐에 오게 된 건 아빠의 일 때문이었다. 그런데 아빠는 나의 경험치를 쌓아 주고 싶으셨는지 엄마와 나까지 데리고 오셨다. 무려 2주간의 서유럽 여행이었다. 우리 부모님은 우리에게 좋은 음식, 많은 경험을 하게 해 주셔서 늘 감사하게 생각했는데, 이번 여행 또한 너무 큰 경험을 하게 해 주셔서 더욱 감사하게 되었다.
 2주간 내가 마치 외동딸이 된 것 같았다. 동생들이 없으니 조금 더 특별한 시간이었고, 외동딸처럼 지내 보는 것도 새로운 경험이었다. 귀여운 장난감이나 기념품을 볼 때마다, 그리고 맛있는 음식을 먹을 때도 동생들이 함께했으면 좋았을 거라는 생각도 들었다.

 이탈리아는 우리 유럽 여행의 마지막 나라였다. 4개국 15일 여행 중 이탈리아에서 무려 5일을 보냈으니, 가장 오래 머문 나라였다. 밀라노에 호텔을 잡고 밀라노 투어, 베네치아 투어, 볼로냐 투어를 했다. 밀라노는 패션의 도시로 유명하지만, 나는 아직 패션은 모르겠고, 나에게는 '맛의 도시'로 기억될 것 같다.

특히 작은 로컬 식당에서 먹은 두꺼운 피자는 잊을 수 없을 정도로 맛있었다. 또, 밀라노 거리를 걷다가 발견한 젤라또도 먹었는데 그것도 정말 맛있었다. 줄을 서서 기다려야 했지만 기다린 것이 후회되지 않을 만큼 맛이 좋았다.

밀라노에서는 다양한 피자 종류를 만날 수 있었다. 감자튀김이 올라간 피자부터 독특하지만 입안에서 풍미가 폭발하는 피자들이 넘쳐났다. 크고 두꺼운 피자에 치즈가 듬뿍 올라가 있어 한 입 먹을 때마다 치즈가 쭉쭉 늘어나는 피자와, 꾸덕꾸덕하고 맛의 깊이가 진한 젤라또는 이탈리아의 최고의 음식이라고 생각한다. 한번 맛보면 멈출 수 없다.

또 이탈리아에서만 파는 보라색 리콜라 사탕이 있는데, 너무 맛있어서 잔뜩 사 가지고 돌아왔다. 게다가 놀라운 것은 이탈리아의 물가가 생각보다 저렴했다. 스위스보다 2~3천 원은 더 저렴하게 살 수 있었다. 이탈리아는 화창한 날씨와 그림 같은 풍경, 그리고 입이 즐거운 경험이 가득한 최고의 나라였다. 그래서 밀라노는 내 기억 속에 입이 즐거운 여행지로 저장되었다.

이탈리아에서 보낸 시간은 내 인생에 다시없을 최고의 경험이었다.

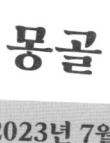

몽골

2023년 7월

몽골 프롤로그
: 아빠와 딸 둘만의 의미 있는 여행

아빠

　방과 후 교육 프로그램을 통해 우연히 승마를 접한 아이는 점점 말과 가까워지기 시작했다. 아이가 말을 좋아하고, 더 넓고 자유롭게 달릴 수 있는 기회를 주고 싶어 주변에서 외승지를 찾아 보다가 몽골의 드넓은 초원에서 승마를 할 수 있다는 것을 알게 되었다. 처음에는 아이 혼자 보내는 것이 걱정되어, 나도 급하게 기본적인 승마를 배워 함께 떠나기로 결심했다.

　몽골에 도착하자 눈앞에 끝없이 초원이 펼쳐졌다. 사람의 흔적이 거의 없는 오지에서, 아이와 나는 오로지 말과 둘만의 호흡에 집중하며 달리기 시작했다. 마치 말의 힘찬 걸음에 맞춰 내 심장도 뛰는 것 같았다. 자연이 주는 웅장함과 거대한 스케일 속에서 달리다 보면, 세상의 복잡한 걱정들이 모두 사라지는 듯했다. 그 순간만큼은 나도 아이도 자유로웠고, 자연과 하나가 된 듯한 감각에 푹 빠져들었다.

　몽골의 순수한 유목민들과의 만남은 우리에게 또 다른 감동을 안겨 주었다. 그들은 솔직하고 순수했으며, 복잡하지 않은 삶 속에서 진정한 행복을 찾는 모습을 보여 주었다. 그들의 삶은 현대 사회의 화려함과는 달리, 단순하지만 그 속에 깊은 의미가 담겨 있었다. 나 또한 그들과 대화하며 스스로를 되돌아보게 되었다. 무엇이 진정으로 가치 있는지, 무엇이 소중한지 다시금 생각해 보는 계기가 되었다.

아이와 함께한 몽골 여행은 단순한 승마 체험 이상의 경험이었다. 우리는 함께 달리며 서로의 호흡을 맞췄고, 거대한 자연 앞에서 인간이 얼마나 작은 존재인지를 깨달았다. 또한, 자연 속에서의 평온함과 자유로움을 만끽하며, 일상의 복잡함에서 벗어나 진정한 휴식을 찾았다.

이번 여행은 나와 아이 모두에게 큰 의미로 남아 있다. 말과 함께 달리던 그 순간들, 유목민들과의 순수한 만남, 그리고 자연이 주는 위대한 감동 속에서 우리는 많은 것을 배웠다. 앞으로도 아이가 이런 경험을 통해 더 넓은 세상을 바라보고, 삶의 진정한 가치를 깨닫기를 바란다. 이 여행은 그 시작에 불과하며, 앞으로도 더 많은 모험과 성장을 함께하길 기대한다.

지호 편

몽골 대초원을 달리는 기회가 나에게도 오다니…
(라고 쓰고 '버킷 리스트 NO.1 성취!'라고 읽는다)

나는 우연한 기회로 초등학교 4학년 때 승마를 접해 보게 되었다. 처음에는 말의 눈을 바라보며 이름을 불러 주고, 교감을 하면서 실내 마장에서 몇 달간 레슨을 받았다. 그때도 좋았다. 말고삐를 잡고 마장을 도는 순간들은 마치 친구와 함께 있는 따뜻함을 느꼈다.

그러던 어느 날 아빠도 말을 타기 시작하시며, 외승을 가자고 제안하셨다. 그때는 5학년 봄이었다.

외승장에 갔을 때 처음엔 기대만큼 신나게 달리지는 않았다. 외승 레슨을 여러 번 받았다. 외승은 줄지어서 구보, 속보, 평보 등을 번갈아 가며 단체로 말을 타는 것이다.

여러 번 가서 야외 산책 하듯이 말과 노는 느낌이었다. 그것도 너무 행복했다. 아빠는 나에게 해변 승마를 가 보자고 하셨다. 지금까지 경험해 본 승마와는 다른, 흔히 생각하는 승마를 했던 것 같다.

고창 해변 승마 투어를 2박 3일간 다녀오고, 남한강, 청주 근처에서 한 달에 한두 번 외승을 했다.

햇살을 받으며 벚꽃과 함께하는 봄 승마도, 햇볕 쬐는 여름에 신나게 달리면 시원해지는 여름 승마도, 선선한 가을바람을 맞으며 말이 낙엽 밟는 소리를 들을 수 있는 가을 승마도, 매서운 칼바람 속에서 말을 포근히 안으면 느껴지는 따뜻함 속의 행복… 겨울 승마도 모든 게 행복이다. 당연히 제주도 승마는 말해 뭐 해…. 국내 최고다.

그러면서 나는 친구들이 아이돌, 애니메이션에 빠져 있을 때 말 영상을 보며 즐거워하고, 가족들과의 밥상 주제는 자연스레 승마 이야기가 되었다. 몽골 승마 투어에 대한 이야기는 우리의 대화 주제를 더욱 풍부하게 만들었다.

드디어 6학년(2023년) 여름 방학, 아빠와 함께 꿈에 그리던 몽골로 일주일간 승마 여행을 떠나게 되었다.

DAY 1

첫째 날, 며칠 전부터 승마 장비를 챙기며 설렘으로 가득 찼던 나는 드디어 아빠와 단둘이 몽골로 떠난다. 아빠랑 단둘이 이렇게 일주일씩 길게 가는 여행은 처음이었다.

여행을 준비해 주시던 엄마는 아빠랑 단둘이 여행 가는 건 마지막일 수도 있으니 즐겁게 지내다 오라고 하셨고, 아빠에게는 사춘기 딸 비위 잘 맞추라고 하셨다. 역시 우리 엄마 최고!!!

공항 리무진 버스를 타고 가는 길, 아빠와 에어팟 한쪽씩 끼고 좋아하는 노래를 들으며 가는 기분도 생각보다 좋았다. 늘 다섯 명, 아니면 그 이상만 공항에 온 거 같은데 아빠랑 단둘이 공항에 오니 괜히 더 특별한 느낌이었다.

드디어 비행기를 타고 몽골에 도착했다. 한국은 더운 여름 날씨였는데 몽골은 시원했다. 여행 준비물 목록에 경량 패딩이 왜 있었는지 알겠다. 선선한 날씨가 마음에 들었다.

우리 여행의 목적지는 테를지라는 곳이었다. 테를지는 국립공원인데 처음 도착해서는 초현실적인 풍경이 믿기지 않았다. 사방팔방이 모두 초록 초원이고 기암괴석 바위산으로 둘러싸인 풍경에 탄성이 절로 나온다.

'내가 그토록 바라던 내 상상 속에 있던, 영상으로만 보던, 그곳에 내가 서 있구나!!' 생각하면서 뭔가 다른 세상에 온 듯한 것이 만족스러웠다.

내 발아래에 수많은 게르들이 더 현실성이 없게 느껴졌다. 행복한 첫날이 이렇게 꿈같이 지나가고 있었다.

DAY 2

둘째 날, 게르에서 색다른 아침을 맞이하고 승마를 하기 전 독수리 체험을 하기 위해 큰 바위 밑으로 갔다. 웅장한 그 바위는 거북바위라는 것이었다. 거북바위는 거북이의 머리와 등껍질 부분을 잘 나타내면서 등껍질 부분에 미묘한 주름까지 있어서 누군가 만들어 놓은 것 같은 느낌이 들었다. 전해 오는 이야기에 의하면 어느 날 거북이 한 마리가 내려와 마을에 있는 사람들을 괴롭혔고 이를 알게 된 스님이 부처님께 도와달라고 기도를 드렸더니 부처님이 거북이를 바위로 만들었다는 이야기가 있다고 한다. 정말 누가 만든 건 아닐까 생각이 들었다. 그 근처에서 말을 타지 않는 사람들은 트레킹을 한다고 하는데 우리는 트레킹 대신 독수리 체험을 해 보았다.

테를지 국립공원 거북바위 앞에는 독수리 두 마리가 있었는데 작은 독수리는 5~6킬로그램, 큰 독수리는 10킬로그램이 넘는다고 하셨다. 높지 않은 나무기둥에 묶여서 체험을 하려는 관광객들을 기다리고 있는데 몽골 독수리 체험에 있는 독수리는 원래 야생 독수리라고 한다. 어린 야생의 독수리를 잡아서 교육을 시켜서 체험에 투입되고 어느 정도 나이가 들면 자연으로 방생한다고 한다. 그 이야기를 들으니 체험을 한다고 서 있으면서도 조금은 불쌍하게 느껴졌다. 하늘을 훨훨 날며 자유롭게 날 수 있는 독수리가 우리 인간 때문에 묶여 있는 모습이 조금 안쓰러웠다.

나는 아직 성인이 아니라서 작은 독수리를 팔 위에 올려 보았는데 '얼마나 무겁겠어' 하며 올렸지만 생각보다 무거웠다. 그리고 날갯짓을 하면 내가 균형 잡기가 힘들어져서 더 힘들긴 했다.

독수리 체험 후 여기도 역시 여행지인지라 큰 게르 안에 기념품 파는 곳이 있었다.

동생들을 위해서 양 뼈로 만든 주사위 같은 게임기를 샀다. 여기는 아이들이 가지고 노는 장난감도 자연에서 온 것이라고 생각하니 신기하고 여느 장난감보다 귀하다는 생각이 들었다.

오후에는 드디어 기다리던 승마 시간이 다가왔다. 결론부터 말하면 환상 그 자체였다. 한국에선 줄지어서 10명 전후의 사람이 뛰다 걷기를 반복했는데 여기서는 자유롭게 달렸다. 그야말로 막 달렸다. 몽골의 말은 한국의 말과 달랐다. 한국의 말은 혀를 차는 작은 소리를 내면 갔는데 몽골의 말은 '추~'라고 외치며 반동을 주면 달렸다. 반동과 나의 '추~' 소리가 커지면 훨씬 더 빨리 달렸다. 거침없는 몽골 말에 적응하기까지 하루가 걸리긴 했지만 그 뒤로 5~6일은 야생의 기운을 느끼며 맘껏 달릴 수 있었다. 이 자유로움은 내 마음을 뻥 뚫어 주는 느낌이었다.

DAY 3

셋째 날, 오늘도 게르에서 아침을 맞이했다. 이제 조금씩 불편하기도 했지만 게르에서 일어나 밖으로 나가서 맞이하는 태양과 초원은 내 머리까지 맑게 해 주는 느낌이었다. 승마 여행답게 오전 승마 2~3시간을 마치고 유목민 집에 방문을 했다.

유목민들은 가족, 그리고 키우는 가축들이 최소한의 짐을 가지고 이동하며 생활하는 만큼 가축의 배설물을 연료로 쓰며 자연 그대로의 생활을 한다. 소똥은 연기도 없고 화력이 좋아 연료로 그만이라고 한다. 10살 정도 되어 보이는 아이가 있는 집에 방문했다. 그 아이는 형제 외에 친구가 없어 가축을 친구처럼 느끼며 지낸다고 한다. 난 친구가 없으면 외롭고 쓸쓸할 것 같은데 그 아이는 친구가 없어도 행복해 보였다. 해맑게 웃는 아이가 너무 예뻤다. 양과 말 젖으로 만든 차와 간식을 대접받았다. 정말 신기했다.

즐겁고 색다른 경험을 한 뒤 저녁을 먹고 몽골에서 빠질 수 없는 관광 중 하나인 별 관측을 했다. 몽골은 세계 3대 별 관측지다. 별들이 북극성을 중심으로 아주아주 천천히 동심원을 그리면서 빛나기 때문에 별 관측을 생생하게 할 수 있다고 들었다. 특히 해가 긴 여름, 늦은 밤부터 새벽 2~3시까지 가장 잘 보인다고 한다. 그리고 달빛이 가장 밝은 보름달이 뜰 때는 별 관측이 어렵다고 하니 날짜를 잘 맞춰서 여행을 와야겠구나 생각했다.

저녁을 먹고 8~9시가 지나니 그냥 별들이 보였다. 끝없이 드넓은 초원에 게르들만 있으니 별이 잘 보일 수밖에 없었다. 한국에서 흔히 보는 간판들도, 가로등도, 상가 불빛도 없다. 밤하늘에 셀 수 없는 별을 보고 있자니 그냥 마냥 행복했다. 이 행복을 한국에 있는 엄마와 동생들도 함께 누렸으면 좋겠다고 생각했다. 다음에 기회가 된다면 꼭 다 같이 왔으면 좋겠다.

하늘 가득 별세상, 땅은 온통 끝이 보이지 않는 들판이라서 뭔가 웅장한 것이 뭉클하기까지 했다. 한동안 별을 보고 있으니 어느덧 서늘함이 느껴졌다.

몽골은 고산지대이기 때문에 낮과 밤의 일교차가 크다. 그래서 7월에도 경량 패딩은 필수이다. 지금 내가 여기서 보는 풍경들은 한국에서 볼 수 없는 말도 안 되는 풍경이다.

DAY 4

넷째 날에도 역시 게르에서 아침을 맞이했다. 몽골은 물이 부족하다고 한다. 특히 호텔이 아닌 게르 같은 곳에서는 물을 더 아껴 써야 하기에 자유롭게 물을 쓰지를 못했다. 조금 찝찝함을 느꼈지만 그래도 하루하루 시간 가는 게 아깝고 싫을 정도로 몽골 여행이 좋긴 하다.

한 번 승마를 하면 2~3시간 타는데 오늘은 오전, 오후 무려 2회나

승마 일정이 있었다. 몇 번 라이딩을 해 보니 한국의 승마와 좀 다르다. 뭔가 몽골이 더 야생적이라고 해야 할까? 한국에선 낙마를 한 적이 다행스럽게 없었는데 넷째 날 오전에 낙마를 했다. 등자(기수가 말을 타고 앉아 두 발로 디디게 되어 있는 물건을 말한다. 안장에 달아 말의 양쪽 옆구리로 늘어뜨린다. 말등자라고도 한다.)가 말 다리에 걸려 말이 불편했던 모양이다. 다행히 장비를 잘 갖추고 타기도 했고 빨리 달리고 있는 상황은 아니어서 많이 다치지는 않았지만 이로 인해 이제는 늘 기승하기 전에 조금 더 장비 확인을 하고 타게 되었다. 승마는 그냥 단순한 스포츠, 운동이 아니다. 동물과 교감이 필수이다. 그래서 말의 상태와 컨디션, 생각과 느낌을 파악하며 해야 하는 운동이다. 그게 정말 메리트라고 느껴졌고, 처음에 마장 레슨을 받을 때는 할머니 집에 있는 강아지를 돌보고 놀아 주는 것 같아서 좋았다. 그래서 더 빠져들었다.

  오전, 오후 승마를 하고 저녁에는 몽골식 양고기도 먹고, 소소하게 활쏘기 체험도 했다. 난 활이 무겁고 커서 해 보기 어려웠는데 어른들(특히, 아빠 포함 아저씨들)은 왠지 모르게 경쟁 의식이 생기셔서 두어 시간을 하신 것 같다.

오늘도 보려 하지 않아도 보이는 예쁜 밤하늘의 별을 보며 하루를 마무리했다. 꿈만 같은 하루하루다.

DAY 5

다섯째 날. 여섯째 날인 내일은 게르를 떠나 울란바토르 시내에 있는 호텔에서 하루를 자고 한국으로 돌아가게 된다. 그래서 오늘은 온전히 하루를 즐길 수 있는 마지막 날이고, 하루 종일 말을 타는 마지막 날이기도 하다.

아침부터 아쉬움이 많이 들었다. 아빠는 매년 또 오자고 하셨지만 난 내년이면 중학생이 되는데 올 수 있을까 싶었다. 괜히 아침부터 말들을 보는데 눈물이 나고 내 말을 가이드 해 주던 마부 오빠들(항상 내가 말을 탈 때 내 주변을 보디가드 해 주던 15~17살 오빠들 서너 명)도 헤어지는 게 아쉬웠다. 오늘 하루는 오전 오후 말을 두 번 타고 게르 주변을 산책하는 걸로 마무리되었다.

DAY 6

여섯째 날. 오늘은 조조 승마라고 아침 일찍 말을 타고 이곳 테를지의 여행을 마무리하는 날이다. 평소보다 2~3시간 일찍 말을 탔다. 새벽 공기가 더 시원하고 상쾌하게 느껴졌다. 신나게 말을 타고 나름

쿨하게 일주일간 함께했던 말들과 게르 유목민들, 마부 오빠들과 작별 인사를 하고 버스에 올라탔다. 버스는 2~3시간 정도 달려 우리를 울란바토르 시내로 데려다주었다.

우리는 몽골의 주요 관광지이며 가장 큰 규모의 백화점인 국영백화점으로 이동했다.

그런데 엥? 한국만큼? 아니, 한국보다 휘황찬란한 백화점 내부 모습에 놀랐다. 1층부터 6층까지 중앙은 비워져 있고 사이드 쪽으로 에스컬레이터가 쭉 연결되어 있었다. 새벽에 오지에서 말을 탔는데, 지금은 백화점에 있다니 타임머신을 타고 이동한 느낌이었다.

간단히 가족들에게 줄 선물을 사고 몽골 정부 청사 옆 갤러리아 안에 있는 캐시미어 매장을 방문했다.

몽골은 캐시미어가 유명하다고 했다. 몽골산 캐시미어는 길이와 울 섬유의 신축성 및 강도로 보았을 때 고품질

로 평가받고 있다고 한다. 아빠의 지갑은 여기에서 열려 버렸다. 나도 머플러와 니트를 사고 할머니, 할아버지의 스웨터, 카디건 등등 거의 트렁크 하나 가득 찰 정도로 선물을 사셨다. 만져 보니 너무 부들부들하고 가벼웠다.

  도시의 쾌적함과 깨끗함을 충분히 느끼고 우리는 저녁을 먹은 뒤 호텔로 이동했다. 우리가 묵은 호텔은 좋은 호텔은 아니었는데, 게르에서의 5박이 이 호텔을 천국으로 느낄 수 있게 만들어 주었다.

  따뜻한 물로 샤워를 하고 원 없이 와이파이를 이용하며 원래의 내 생활로 돌아가고 있었다.

DAY 7

  마지막 날이 되었다.

  호텔 조식을 먹고 짐 정리를 한 뒤 공항으로 이동했다. 내가 1년 넘게 원하고 바라던 몽골 승마 투어는 이렇게 마무리가 되었다.

  줄지어 틀에 맞춰 움직이던 것을 외승이라고 생각하며 달리던 한국과는 정반대로 내가 가고 싶은 곳으로 나 혼자서도, 때론 다 같이도 맘껏 움직이고 시간에 구애받지 않는 몽골 승마. 야생 그 자체다.

  좀 위험할 수도 있고 힘들기도 하지만 이 또한 너무 만족스러운 경험이었다.

  몽골 승마를 한마디로 표현하자면 '환상적인 꿈속 같았던 일주일'이라고 하면 될 것 같다.

언제 또다시 올 수 있을지 모르겠지만 꼭 다시 오리라 마음먹었으니, 아쉬워하지 말자고 생각했다. 동생들을 일주일간 혼자 보고 계실 엄마에게 미안해서 아빠랑 나는 엄마에게 줄 선물을 샀다. 마침, 늘 비싸다며 아껴 바르시던 크림이 눈에 띄어서 골랐는데 엄마가 정말 좋아하셨다.

태국

2023년 10월

태국 프롤로그
: 방콕, 태국의 대도시로 가다

아빠

아직 영어를 왜 해야 하는지, 영어가 왜 필요한지 모른 채 공부하는 큰아이를 데리고 무작정 해외 박람회로 떠났다. 그동안 영어를 의무적으로만 공부해 왔던 아이에게, 이번 기회에 영어가 실제로 어떻게 쓰이는지 몸소 느껴 보게 해 주고 싶었다.

여행을 준비하는 첫 단계부터 아이에게 많은 걸 맡겼다. 짐을 싸는 것부터 시작해서, 비행기를 타는 방법, 다른 나라에서 이동하는 방법 등을 스스로 알아보도록 했다. 처음에는 막막해 보였지만, 시간이 지날수록 아이의 눈빛이 달라졌다. 자기 손으로 모든 걸 준비하고, 실제로 경험하면서 스스로 할 수 있는 법을 터득해 나가는 아이의 모습이 기특했다.

박람회에 도착해서는 더 많은 도전을 하게 했다. 해외 바이어들과의 미팅에 직접 참여시키며, 영어로 대화하는 경험을 쌓게 했다. 처음에는 긴장한 기색이 역력했지만, 점차 자신감이 붙어 가며 영어로 자신을 표현하는 모습을 보니 뿌듯함이 밀려왔다. 몰랐던 나라의 문화에 대해 배우고, 비즈니스 관계에서 서로의 요구 사항을 어떻게 전달해야 하는지 배워 나가는 과정은 아이에게 큰 성장이었다. 단순히 책에서 배우던 영어가 아닌, 실제 상황에서 살아 움직이는 영어를 느끼는 순간이었다.

  가장 좋은 건, 이 모든 과정을 통해 아이와 나 사이에 소중한 추억이 쌓였다는 점이다. 함께 비행기를 타고, 낯선 거리를 걸으며, 언어의 장벽을 넘어 소통하려고 노력했던 그 시간들이 우리에게는 큰 의미로 다가왔다. 아이에게 영어는 더 이상 단순한 학문이 아니라, 세상과 소통하는 하나의 도구가 되었다.

  여행이 끝난 후 돌아오는 길, 아이는 이제 영어를 공부하는 이유를 조금은 알게 된 듯 보였다. 아빠로서, 그런 아이의 변화를 옆에서 지켜볼 수 있어 정말 행복했다. 앞으로도 아이가 더 넓은 세상을 향해 자신 있게 나아갈 수 있기를 바란다. 이번 여행은 그 첫걸음이었을 뿐, 앞으로도 함께 더 많은 경험을 쌓아 나가고 싶다.

지호 편

아빠와 함께하는 N번째 여행지, 방콕!

내가 초등학교 2학년 때, 아빠와 단둘이 상하이로 첫 여행을 갔던 기억이 난다. 그때 이후로, 엄마는 기회만 되면 아빠와 나 둘이 여행을 갈 수 있도록 계획을 잡아 주신다. 엄마 말로는 내가 더 커 버리면 아빠와 단둘이 여행할 기회가 줄어들 거라며, 주로 아빠의 출장에 겸사겸사 따라가는 여행이지만 그 경험이 나에게 큰 도움이 될 거라고 하셨다. 이번 방콕 여행도 아빠의 업무가 주된 목적이었지만, 덕분에 잊지 못할 추억을 쌓을 수 있었다.

펫 박람회

이번 방콕 여행의 첫 번째 기억은 바로 '펫 박람회'다. 아빠는 반려동물 식품 관련 회사를 운영하시는데, 이번 박람회도 그 일환으로 방콕에 오게 되었다. 나는 어릴 적부터 언어에 관심이 많아 꾸준히 중국어와 영어를 배웠는데, 어느덧 영어 실력이 아빠를 앞지르게 되었다. 지난 봄 유럽 여행에 이어 이번 방콕에서도 아빠의 통역을 도와드릴 기회가 생겼다.

이번 펫 박람회는 무려 280여 개의 업체에서 10,000명 이상이 참여하는 대규모 박람회였다. 아빠는 해외 박람회에 참가하면 자사 제품을 알릴 뿐만 아니라, 다른 나라에서 가져오는 한국에서는 보기 힘든 제품들을 직접 보고 배우는 기회로 삼으신다. 최근에는 강아지나 고양이를 키우는 사람이 주변에 많아졌기에, 이런 박람회는 반려동물 산업의 현재와 미래를 한눈에 볼 수 있는 장소이자, 사람과 동물이 서로 건강하고 행복하게 살아가기 위한 팁을 공유하는 중요한 창구라고 하셨다.

"이제는 뉴스에서도, 일상생활에서도 반려동물 이야기가 많이 나오잖아? 반려인과 비반려인이 서로 공존할 방법을 찾는 게 점점 더 중요해질 거야."

아빠는 이렇게 말씀하시며 박람회 참가의 의미를 강조하셨다. 그래서인지, 한국에서도 전국 각지에서 한 달에 한두 번 이상 반려동물 박람회가 열린다고 했다. 아빠는 한국에서 열리는 박람회에도 거의 빠지지 않고 참가하시기에 주말에도 바쁜 경우가 많다. 그래서 이렇게 함께 여행할 수 있는 시간이 더욱 소중하게 느껴졌다.

아침부터 밤까지 방콕에서 열심히 일하시는 아빠를 보며 자랑스럽기도 하고, 동시에 힘드시진 않을까 걱정이 되기도 했다. 늘 우리 가족을 위해 고생하시는 아빠에게 감사한 마음이 든다. 나중에는 내가 부모님께 보답할 날이 오겠지?

쿠킹 클래스

두 번째 기억은 쿠킹 클래스다. 방콕에서 가장 잘한 일 중 하나는 바로 태국 요리를 직접 만들고 맛볼 수 있는 쿠킹 클래스에 참가한 것이다. 태국 음식은 세계적으로도 유명한데, 해외에서 영어로 수업을 들으며 요리를 배울 수 있다니 엄마의 추천을 받자마자 기대가 컸다.

3시간 동안 우리는 태국을 대표하는 음식 다섯 가지를 만들었다.

1. 똠얌꿍
2. 팟타이
3. 쏨땀
4. 그린카레
5. 망고밥

클래스 장소에 도착하자마자 5분 거리의 로컬 시장으로 이동해, 직접 재료를 구매하는 시간이 있었다. 망고, 새우 등 다양한 재료와 신선한 야채들을 구입했고, 특히 코코넛밀크를 만들기 위한 코코넛 가루를 구매했는데, 코코넛밀크를 만드는 과정이 참 신기했다.

"이 코코넛 가루가 밀크로 변하는구나! 정말 신기해!"

아빠와 나는 시장에서 직접 식재료를 사는 경험이 무척 재미있었다. 그냥 시장을 둘러보는 것과는 달리, 선생님의 설명을 들으면서 재료를 구입하니 모든 것이 새롭게 느껴졌다.

쿠킹 선생님은 태국 분이셨지만, 영어로 수업을 진행해 주셔서 아빠도 어렵지 않게 따라갈 수 있었다. 각 재료에 대해 설명해 주실 때, 특히 태국 음식의 독특한 향신료에 대해 배울 수 있어 흥미로웠다.

다섯 가지 요리 중 가장 마음에 들었던 요리는 바로 팟타이였다.

"팟타이의 핵심은 땅콩 소스야. 이 달달한 땅콩 소스가 팟타이 맛을 확 살려 준다고!"

한국에서도 땅콩버터를 좋아하는 나는 소스를 아낌없이 넣어 내 요리를 완성했다. 올리브유에 계란을 스크램블 하고, 여러 재료와 소스를 함께 볶으면 끝!

"이렇게 간단한데, 맛은 정말 대박이야!"

각 요리를 완성한 후에는 어울리는 접시에 세팅하고 사진도 찍을 수 있었다. 특히 망고밥은 이번 여행에서 처음 알게 된 음식이었는데, 찹쌀로 만든 쫀득한 밥에 달달한 연유를 뿌려 망고와 함께 먹는다. 특이한 식감과 맛은 별미 중 별미인 망고밥을 정말 잊을 수 없다. 안 그래도 방콕에서 1일 3 망고 중인데 망고밥이라니!! 역시 동남아는 망고가 최고지.

"이거 완전 마법 같은 맛이야! 먹으면 온 세상이 환해지는 느낌!"

짧은 시간 동안 여러 요리를 만들어 보는 색다른 경험은 방콕 여행의 또 다른 즐거움이었다. 다음 해외여행에서도 꼭 그 나라의 음식을 만들어 보고 싶다. 정말 특별하고 잊지 못할 문화 체험이었다.

담년사두억 & 매끌렁 철길 시장

세 번째 기억은 담년사두억 수상시장 & 매끌렁 철길 시장이다.

어느 날 아침, 방콕에서 1시간 넘게 차를 타고 도착한 곳은 바로 담년사두억 수상시장이었다. 이곳은 방콕 인근 수상시장 중에서도 큰 규모로 유명한 곳이었다. 좁은 물길 위로 수많은 배들이 부대끼며 지나가고, 수로를 따라 늘어선 수상 가옥에서는 형형색색의 기념품들이 관광객을 유혹했다. 물 위를 떠다니는 좁은 배 위에서는 꼬치를 굽거나 과일을 파는 사람들도 있었다. 정말 구경할 게 많았다.

"아빠, 저기 봐요! 물건 파는 배가 저희 배 옆으로 지나가요!"

"우와, 이거 진짜 신기하네!"

배에 오르면 노를 저어 가며 여유롭게 시장을 둘러볼 수 있었고, 관심이 가는 물건이 있으면 잠시 멈춰 흥정을 할 수도 있었다. 어디선가 한국에서 맡을 수 없는 약간 독특한 냄새가 나기도 했지만, 그게 바로 여행의 묘미라 생각하고 참아 보기로 했다.

다음으로 방문한 매끌렁 철길 시장은 정말 신기한 경험이었다. 이 시장은 '위험한 시장'이라는 별명답게 선로 양쪽으로 자리 잡은 상점들이 기차가 지나갈 때마다 분주하게 차양을 걷고 매대를 정리하는 아슬아슬한 장면을 보여 주었다.

"어? 사람들이 왜 저렇게 바쁘게 움직이지?"

"잠깐만 있어 봐, 곧 기차가 지나갈 거야."

아빠의 말이 끝나기 무섭게, 정말 기차가 나타났다! 벽에 바짝 붙어도 손에 닿을 듯한 기차가 천천히 지나가는 동안, 나도 얼른 기념사진을 찍었다. 하지만 기차가 지나가자마자 매대와 그늘막이 순식간에 원상 복구되는 모습은 정말 놀라웠다. 그 순간만큼은 마치 시간이 멈춘 듯했다.

이외에도 카오산 로드의 형형색색 조명과 신나는 음악, 어느 나라를 가든 꼭 들르는 맥도날드, 그리고 태국 하면 빼놓을 수 없는 코끼리 라이딩까지, 이번 방콕 여행은 모든 것이 새로운 경험이었다. 클럽에 가 본 적은 없지만, 카오산 로드의 분위기를 보며 '이런 게 클럽 분위기인가?'라고 잠시 생각하기도 했다. 이 모든 것이 나에게는 생생하고 잊지 못할 기억으로 남아 있다.

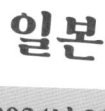

일본

2024년 3월

일본 프롤로그
: 깜짝 선물 같은 일본 여행기

엄마

아이들에게 특별한 추억을 선물하고 싶은 마음은 어느 부모에게나 있을 것이다. 그래서 아이들도 모르게 비밀스럽게 일본 여행을 계획하였다.

일본 여행 두 달 전, 저렴한 항공권을 발견하고 바로 발권했다. 아이들이 디즈니랜드에 가 보고 싶다고 늘 말해 왔기에, 이번 여행의 목적지는 디즈니랜드로 정했다. 아이들에게 디즈니랜드를 흠뻑 느끼게 해 주고 싶어서, 디즈니랜드 테마곡도 흘려듣듯 차에서 한 달 전부터 들려주고, 퍼레이드에 나온다는 캐릭터들의 디즈니 애니메이션도 다시 보여 주었다. 여행 당일까지 아이들에겐 철저히 비밀이었다.

오전 비행기가 있었지만 아이들에게 여행지를 당일에 서프라이즈로 말하고 짐 챙길 준비를 해야 했기 때문에 오후 비행기로 출발했었다. 학교에 제출해야 하는 체험 학습 신청서도 밀봉하여 선생님께 아이들에게 말씀하시지 말아 달라고 쪽지까지 쓰며 부탁했다. 모든 것이 계획대로 진행되었고, 짧은 2박 3일 여행이었지만 아이들도 나도 모두 행복한 시간이었다.

누군가를 행복하게 해 주면 내가 더 행복해진다는 사실을 나는 어릴 적부터 알고 있었다. 학창 시절부터 친구들에게도 서프라이즈 이벤트를 해 주는 걸 내가 더 행복해했었고 내가 더 즐거워했었다.

지금도 아이들을 위한 이벤트를 내가 더 즐거워한다. 이런 나를 보며 자라나는 내 아이들도 일상에 있는 소소한 즐거움을 느끼면서 살았으면 좋겠다.

지민 편

도쿄에서의 짧고도 달콤한 여행

지난 3월, 우리는 일본 도쿄로 짧은 여행을 다녀왔다. 사실 나는 일본으로 간다는 사실을 여행 전날까지 전혀 몰랐다. 엄마가 출발 전날 갑자기 "우리가 갈 여행지는 바로 일본입니다!"라고 말씀하셨을 때, 나는 깜짝 놀라 눈이 휘둥그레졌다. 사실 해외여행에서 공항까지 가는 시간과 비행기 타는 시간이 너무 지루해 먼 곳은 별로 좋아하지 않는데, 이번에는 달랐다. 인천 공항 대신 청주 공항으로 가니, 공항까지 한 시간이 채 걸리지 않아 너무 좋았다. 인천 공항으로 가면 3시간 넘게 걸려서 늘 지루했었는데, 이번엔 정말 빠르게 갈 수 있었다.

드디어 일본에 도착했다. 첫날, 우리는 오다이바에 있는 건담을 보러 갔다. 거대한 건담 앞에서 나는 그 웅장함에 압도되었고, 오다이바 해변에서는 미국의 자유의 여신상의 축소판도 보았다. 그 자유의 여신상은 원래 크기의 32분의 1밖에 안 된다고 했는데도, 앞에 서니 꽤 인상적이었다. 그 앞에서 우리 가족은 함께 사진도 찍었다. 오다이바는 인공 해변이라 그런지 한국의 해수욕장보다 깨끗하고 정돈된 느낌이었다. 게다가 해변에서 물놀이하는 사람도 거의 없어서 한적하고 여유로웠다. 조명이 예쁘게 빛나는 밤, 언니랑 지율이랑 나는 기분이 좋아 신나게 춤도 추고 사진도 많이 찍었다.

그날 저녁, 우리는 호텔에 도착했다. 호텔방은 2개였고 침대가 4개나 있었다. 첫 방에는 침대가 3개, 이어진 다른 방에는 큰 침대가 1개 있었으며, 화장실도 두 개나 있어서 편리했다. 이런 방을 커넥팅 룸이라고 부른다고 한다. 방을 둘러본 뒤, 우리는 바로 1층에 있는 편의점으로 갔다. 그곳에서 젤리, 과자, 푸딩, 그리고 엄마, 아빠를 위한 맥주를 샀다. 외국 편의점이라 우리나라와 다른 간식들만 있을 줄 알았는데, 의외로 비슷한 초콜릿과 과자들이 많았다. 나는 최대한 한국에서 안 먹어 본 것들로 푸딩과 과자를 골랐다. 여행 와서 구경하는 편의점도 나름 재미있었다.

둘째 날, 우리는 도쿄 디즈니랜드에 갔다.

도착하자마자 눈에 들어온 것은 화려한 퍼레이드였다. 퍼레이드가 시작되기 한 시간 전부터 엄마는 가져오신 돗자리로 좋은 자리를 맡으셨다. 엄마는 자리를 맡으며 쉬고 계셨고, 나머지 가족은 놀이기구를 타러 갔다. 놀이기구를 타려고 30분 넘게 줄을 서야 했는데, 다리가 아파

서 조금 힘들었다. 그런데 놀이기구를 타기 시작하자 그 모든 피로가 싹 사라지고 너무 즐거웠다.

놀이기구를 타고 나서 우리는 엄마가 계신 곳으로 돌아가 간식을 먹으며 퍼레이드를 기다렸다. 드디어 퍼레이드가 시작되었고, 신나는 음악과 함께 디즈니 캐릭터들이 행진하기 시작했다. "M-I-N-N-I-E, 미니!" 하는 노래가 울려 퍼지며, 모두가 "미니! 미니!" 하고 외쳤다. 내 영어 이름이 미니여서 그런지 노래가 내 이름으로 만들어진 것 같아 더 신기하고 재미있었다.

엄마는 우리가 가지고 싶은 선물을 사라고 하셨다. 나는 5,000엔을 받았고, 언니는 조금 더 받은 것 같았다. 왜 똑같이 안 주는지 살짝 서운했지만, 언니니까 필요한 게 더 많을 거라고 생각하며 기분 나쁘지 않게 넘겼다. 나는 친구들과 나눠 먹을 사탕과 예쁜 과자를 샀다. 내일도 필요할지 모르니 돈을 아껴야겠다고 생각했다. 저녁에 호텔 근처 돈키호테 마트에 갔을 때, 아껴 둔 돈을 사용해 초콜릿과 장난감을 샀다.

마지막 날 아침, 비가 조금씩 내리고 있었다. 하지만 괜찮았다. 오늘은 가이드 선생님이 우리를 호텔에서 데리러 오시는 날이었기 때문이다. 우리는 가이드 선생님의 차를 타고 아사쿠사라는 곳에 갔다. 가이드 선생님은 이곳이 아주 옛날 일본 왕의 무덤이 있는 곳이라고 설명해 주셨지만, 나에겐 그냥 수목원이나 산에 올라가는 기분이었다. 비가 와서 그런지 풀과 나무의 냄새가 더 좋게 느껴졌다.

비 때문에 많은 곳을 구경하지는 못했지만, 우리는 근처의 신기한 초밥집으로 점심을 먹으러 갔다. 이 초밥집에서는 다섯 접시를 먹으면 코인이 하나 나오고, 그 코인을 뽑기 기계에 넣으면 상품을 받을 수 있었다. 우리 가족과 가이드 선생님까지 6명이 40접시를 먹어 여덟 번의 기회를 얻었다. 하지만 여섯 번은 꽝이었고, 두 번만 작은 인형 열쇠고리를 뽑았다.

　이제 한국으로 돌아갈 시간이다. 짧은 여행이라 아쉬웠지만, 이번 여행은 정말 특별했다. 돌아오는 비행기에서 기장님이 아빠의 후배라는 놀라운 우연이 있었기 때문이다. 아빠는 카카오톡으로 비행 잘해 달라고 메시지를 보냈다. 기장님은 선배님을 모시게 되어 영광이라며 안전 비행을 약속했다. 아는 사람이 비행기를 운전해 주시다니, 정말 신기했다.
　짧은 여행이었지만, 일본은 가까운 나라여서 그런지 비행이 힘들지도 않았고, 편의점이나 식당도 우리나라와 비슷해서 여행 내내 즐거웠다.

지율 편

우와, 일본 여행이다!!

우리 아빠의 생일은 3월 1일이다. 엄마는 2월에 생일을 맞아 친구들과 여수로 2박 3일 여행을 다녀오셨다. 그런데 아빠는 생일에 3박 4일 필리핀 스킨스쿠버 투어를 가신다고 하셨다. 그래서 우리 세 자매는 엄마와 아빠에게 불평을 했다.

"왜 우리만 놓고 가냐고! 우리도 가고 싶어요!"

엄마는 3월 10일에 2박 3일 여행을 가자고 하셨다. 어디로 갈지는 그때 말씀해 주시겠다고 하셨고, 우리는 그렇게 해서 여행을 가게 되었다. 나는 우리 다섯 명이 오랜만에 여행 가는 것만으로도 좋았다. 그래서 알겠다고 했다.

드디어 3월 9일이 왔다. 엄마가 갑자기 핸드폰 동영상을 켰다. 왜 켜시는 걸까? 아빠까지 우리 모두 여행지가 어딘지 몰랐다. 엄마가 슬슬 이야기를 시작하셨다.

"드디어 여행지가 결정되었습니다!"

나는 "바로 공주입니다!"라고 말했다. 그런데 엄마가 "공주 아닙니다. 하하하!"라고 하셨고, 아빠는 "부산! 부산! 나 부산 가고 싶어~"라고 했다. 나는 아빠 입을 막았다. 부산은 별로 가고 싶지 않았기 때문이다. 왜냐하면 지민이와 나는 차를 오래 타고 가는 여행지를 별로 안 좋아한다. 부산은 엄마가 차를 타면 오래 걸린다고 해서 기차를 타고 간 적이 있었는데, 이번 여행은 기차 여행이 아니라고 하셨으니까 당연히 싫었다. 엄마가 다시 말씀하셨다.

"바로… 바로바로 비행기 타고! 일본~!"

엄마가 '비행기 타고'라고 말할 때부터 눈이 커지고 심장이 두근두근 뛰었다. 여행지를 미리 말해 준다고 했는데, 진짜 비행기 타고 일본까지 갈 줄은 몰랐다. 너무너무 신나서 언니와 지민이와 함께 소리를 지르고 손뼉을 치며 신나했다. 이제 자고 일어나면 일본에 간다는 게 꿈만 같았다. 얼른 짐을 챙기고 잤다. 지민이와 나는 여행을 갈 때 각자의 가방에 옷과 속옷을 제외한 나머지 물건만 챙긴다. 여행지에서 사고 싶은 것도 있겠지만, 가방을 너무 꽉 채우면 안 되니까. 그래서 꼭 필요한 장난감, 인형, 일기장, 색연필 같은 것만 챙겼다.

다음 날, 우리는 청주 공항으로 갔다. 청주 공항으로 간 것도 너무 좋았다. 전에 말레이시아 갈 때 인천 공항에서 가느라 너무 힘들고 지루했었는데, 청주 공항은 한 시간도 안 걸린다고 하셔서 더 좋았다.

일본 도쿄에 도착한 첫날, 우리는 건담도 보고, 오다이바 해변도 가고, 자유의 여신상도 보았다. 일본에서 미국의 자유의 여신상을 보다니 신기했다. 그런데 자유의 여신상 크기가 미국의 32분의 1이라는데도 여전히 컸다. 우리 세 자매는 너무 신나서 요즘 유행하는 나루토 춤도 추었다. 아빠가 동영상도 찍어 주셨는데, 우리끼리 웃고 떠드는 게 너무 재미있었다.

자연적으로 만들어진 해변이 아닌 인공으로 만들어진 오다이바 해변은 정말 예뻤다. 조명도 멋있게 들어와 있었다. 구경을 마친 후, 우리는 도쿄타워에 갔다. 도쿄타워의 밤 조명은 정말 아름다웠다. 타워 위로 올라가기 전에 우리는 길거리 음식을 사 먹었다. 크레이프와 타코야키를 먹었는데, 꿀맛이었다. 한국에서는 타코야키를 잘 안 먹었는데, 여기는 정말 맛있었다. 사람들이 줄을 서서 주문하고 있었는데, 내가 맛있게 먹으니까 엄마가 다시 줄을 서 주셨다. 진짜 맛있었다.

　간식을 먹고 나서, 우리는 도쿄타워 꼭대기로 갔다. 한 바퀴 돌면서 높은 건물들, 아까 본 오다이바 해변과 브리지, 그리고 차들이 줄지어 다니는 반짝반짝한 거리까지 다 보았다. 엄마는 도쿄타워가 붙어 있는 볼펜을 우리에게 사 주셨다.

　우리는 호텔로 갔다. 호텔은 진짜 좋았다. 2개의 방에 4개의 침대와 2개의 화장실이 있었다. 문도 두 개였다. 엄마가 호텔룸 두 개를 연결한 방이라고 하셨고, 이런 방을 커넥팅 룸이라고 하셨다. 신기했다. 우리는 씻고, 아빠와 언니는 편의점에 가서 간식을 사 오겠다고 하셨다. 언니는 일본 편의점에 가서 살 것이 많다고 했고, 쇼핑할 생각에 신이 나서 아빠와 함께 나갔다.

　아빠와 언니는 푸딩 여러 종류와 샌드위치, 빵, 음료수, 과자, 맥주를 사 왔다. 일본 간식이 너무 맛있었다.

　다음 날, 우리는 디즈니랜드에 갔다. 일본에 온 목적이 디즈니랜드를 가기 위해서였다. 드디어 기대하던 디즈니랜드를 가다니 아침부터 설레었다. 디즈니랜드에 입장하고 퍼레이드를 보는데, 모든 캐릭터 인형들이 나와서 "Minnie 미니!"라고 외치고 춤을 추었다. 신기했다. 왜냐하면 내 쌍둥이 지민이의 영어 이름이 Minnie이기 때문이

지율 편 141

다. 퍼레이드에서 인어공주, 미녀와 야수, 베이맥스 등 셀 수 없이 많은 캐릭터들이 나와서 춤을 추었고, 퍼레이드 내내 엄마 차에서 듣던 노래가 나와서 더 재밌게 따라 부르며 춤을 추었다.

밤늦게까지 놀고, 우리는 호텔로 돌아갔다. 저녁은 디즈니랜드에서 먹었지만, 호텔로 가는 길에 편의점을 안 갈 수 없었다. 어제 먹었던 푸딩이 또 먹고 싶었기 때문이다. 푸딩과 과자, 음료수를 사서 호텔로 돌아갔다. 오늘은 다리도 아프고 힘들었다. 디즈니랜드에서 10시간을 있었으니 다리가 아픈 건 당연했다. 지민이와 나는 욕조에서 신나게 놀았다.

다음 날, 우리를 공항까지 데리러 오셨던 기사 선생님이 아사쿠사라는 곳에 데려가 주셨다. 그곳에는 옛날 왕의 무덤이 있다고 하셨다. 일본에는 대통령이 아니라 왕이 있다고 하셨다. 가까운 나라인데 우리나라랑 다른 점이 있다는 걸 느꼈다.

비가 조금씩 오는데 조용한 공원 같은 곳을 산책하듯이 돌아다니니 어제 디즈니랜드와 많이 다르다는 게 느껴졌다. 조금 더 둘러보고 우리는 점심으로 재미있는 초밥집에 갔다. 초밥, 우동, 치킨, 소바, 케이크, 과일…. 없는 게 없는 곳이었다. 여기는 더 재밌는 게 있었다. 다섯 접시를 먹으면 게임을 할 수 있는 식당이었다. 우리는 40접시를 먹고 8번 게임을 했는데 상품을 2번밖에 못 뽑았다. 다섯 접시를 먹으려고 일부러 더 많이 먹어서 배가 엄청 불렀다.

또 언니는 쇼핑을 해야 한다며 여기저기 엄마랑 돌아다녔고, 우리는 차에서 기사 선생님과 기다렸다. 언니는 뭐가 그렇게 살 게 많은 건지 궁금했다.

  2박 3일로 짧게 여행을 왔기 때문인지 공항 갈 시간이 되니 너무 아쉬웠다. 일본 여행이 처음이었는데 도쿄 말고 다른 일본도 가 보고 싶어졌다. 여행은 언제나 나를 신나게 해 준다!